KARL ENGISCH

Die Lehre von der Willensfreiheit in der
strafrechtsphilosophischen Doktrin der Gegenwart

SCHRIFTENREIHE
DER JURISTISCHEN GESELLSCHAFT e. V.
BERLIN

Heft 10

Berlin 1965

WALTER DE GRUYTER & CO.

vormals G. J. Göschen'sche Verlagshandlung · J. Guttentag, Verlagsbuchhandlung
Georg Reimer · Karl J. Trübner · Veit & Comp.

Die Lehre von der Willensfreiheit in der strafrechtsphilosophischen Doktrin der Gegenwart

Von

Dr. Dr. h. c. Karl Engisch

Professor an der Universität München

Vortrag

gehalten vor der

Berliner Juristischen Gesellschaft

am 4. Mai 1962

2., unveränderte Auflage

Berlin 1965

WALTER DE GRUYTER & CO.

vormals G. J. Göschen'sche Verlagshandlung · J. Guttentag, Verlagsbuchhandlung
Georg Reimer · Karl J. Trübner · Veit & Comp.

Archiv-Nr. 2 727 65 7

Satz und Druck: Max Schönherr, Berlin 65
Alle Rechte, einschließlich des Rechtes der Herstellung von Fotokopien
und Mikrofilmen, vorbehalten

Vorwort zur zweiten Auflage

Wenngleich diese neue Auflage ohne Veränderungen herausgehen soll, möchte ich doch nicht unterlassen, wenigstens auf einige ausführliche Stellungnahmen hinzuweisen:

Einmal auf die kritischen Bemerkungen von Hans Welzel in seiner Schrift „Vom Bleibenden und vom Vergänglichen in der Strafrechtswissenschaft" 1964, S. 15 ff., sodann auf die Rezensionsabhandlung von Hermann Roeder in den Wiener Juristischen Blättern 1964, S. 229 ff., worin der Verfasser auch auf seine Schrift vom Jahre 1932 über „Willensfreiheit und Strafrecht" hinweist, deren Nichtberücksichtigung von meiner Seite er mit Recht bedauert, ferner auf die Abhandlung von Alessandro Baratta „Per una concezione dialettica della libertà del volere", aus „Sul problema della rieducazione del condannato" 1964, S. 79 ff.

Außerdem hat mich Herr Kollege Otto Veit darauf aufmerksam gemacht, daß sein im Jahre 1957 erschienenes Buch „Soziologie der Freiheit" auf S. 103 ff. eine Erörterung des Problems der Willensfreiheit enthält, welche einerseits Berührungen mit Nicolai Hartmann aufweist, andererseits auch meiner Auffassung an gewissen Stellen nicht ferne steht. Auch diese Darlegungen möchte ich nachträglich der Beachtung empfehlen dürfen.

Von Veröffentlichungen nach erstmaligem Erscheinen meiner Schrift möchte ich nur nennen: Die Aufsätze von Bockelmann, Haddenbrock und Mangakis in der ZStrW Bd. 75, 1963, S. 372 ff., 460 ff., 499 ff., und das große Werk von Hermann Glockner „Gegenständlichkeit und Freiheit", 1963.

München, im März 1965

Der Verfasser

Angesichts der grundlegenden Bedeutung, die das Problem der Willensfreiheit für die Theorie von Sinn und Wesen der Strafe hat, nimmt es nicht wunder, daß es immer wieder aufgeworfen und zu lösen versucht wird. Manch einem mag es aber als ein noch größeres Wunder erscheinen, daß man seiner nicht längst müde geworden ist. Oft genug konnte man ja in Diskussionen erleben, daß, wenn das Problem der Willensfreiheit in Sicht kam, beschwörend ausgerufen wurde: „Um Gotteswillen nur keine Erörterungen über die Willensfreiheit!" Indessen können solche Abwehrreaktionen nicht hindern, daß man eben deshalb, weil man sich der zentralen Rolle der Frage nach der Willensfreiheit stets aufs neue bewußt ist und bleibt, auch in neuerer Zeit, und das soll heißen: auch nach dem Abklingen des sogenannten „Schulenstreits", mancherlei Versuche unternommen hat, unter neuen Gesichtspunkten, zumal unter Anlehnung an moderne philosophische Lehren, das Problem einer zeitgemäßen Lösung zuzuführen. Von dergleichen Versuchen soll heute gesprochen werden, freilich nicht vom Standpunkt des reinen Philosophen, sondern vom Standpunkt des Kriminalisten und Strafrechtsphilosophen.

Vielleicht ist mein kritischer Bericht auch dadurch als aktuell gerechtfertigt, daß in der Gegenwart in einzelnen grundlegenden Entscheidungen des höchsten Gerichtshofs in Strafsachen sowie in den Grundsätzen, die der letzte Entwurf an die Spitze gestellt hat, eine Straftheorie zur Anerkennung gelangt ist, die in engster Verbindung mit einem Bekenntnis zur Willensfreiheit zu stehen scheint.

Hören wir nur folgende Sätze:

In der berühmten Entscheidung, in der der Große Strafsenat des Bundesgerichtshofs die derzeit unsere strafrechtliche Rechtsprechung beherrschenden Grundsätze über die Behandlung des Verbotsirrtums herausgearbeitet hat, steht geschrieben: „Strafe setzt Schuld voraus. Schuld ist Vorwerfbarkeit. Mit dem Unwerturteil der Schuld wird dem Täter vorgeworfen, daß er sich nicht rechtmäßig verhalten, daß er sich für das Unrecht entschieden hat, obwohl er sich rechtmäßig verhalten, sich für das Recht hätte entscheiden können. Der innere Grund des Schuldvorwurfs liegt darin, daß der Mensch auf freie, verantwortliche, sittliche Selbstbestimmung angelegt und deshalb befähigt ist, sich für das Recht und gegen das Unrecht zu entscheiden, sein Verhalten nach den Normen des rechtlichen Sollens einzurichten und das rechtlich Verbotene zu vermeiden, sobald er die sittliche Reife erlangt hat und solange die Anlage zur freien sittlichen Selbstbestimmung nicht durch die in § 51 StGB genannten krankhaften Vorgänge vorübergehend gelähmt oder auf die Dauer zerstört ist ... Wer weiß, daß das, wozu er sich in Freiheit entschließt, Unrecht ist, handelt schuldhaft, wenn er es gleichwohl tut" (BGHStr Bd. 2, S. 200/201). Nicht nur, daß verschiedentlich in dieser Entscheidung ausdrücklich die Freiheit als Voraussetzung des Schuldvorwurfs bezeichnet wird: der BGH bedient sich auch der klassischen, uns später noch näher beschäftigenden Formulierung für das Wesen dieser Freiheit als Grundlage der Schuld: „Der Täter hat sich für das Unrecht entschieden, obwohl er sich für das Recht hätte entscheiden können".

Etwas behutsamer verfährt die Begründung zu dem Entwurf zum Strafgesetzbuch, indem sie es vermeidet, unmittelbar von der Freiheit als der Grundlage der Schuld zu sprechen. Aber auch der Entwurf „bekennt sich zum Schuldstrafrecht" (Entwurf 1960, Begründung S. 92), faßt dabei das Schuldurteil als „ein sittliches Unwerturteil über menschliches Verhalten" auf, und erklärt, daß die Strafe nur dann und nur insoweit verhängt werden darf, als dem Täter sein Verhalten sittlich zum Vorwurf gemacht werden kann. Er nimmt dabei Bezug auf die „im Volke lebendigen" sittlichen Wertvorstellungen und rührt auf diese Weise an das Problem, ob nicht das gesamte Strafrecht, wie es dem Entwurf vorschwebt, die Willensfreiheit zur logischen Voraussetzung hat. Und bei der Behandlung der Schuldfähigkeit wird ausgeführt: „Schuld wird als Vorwerfbarkeit derjenigen Willensbildung verstanden, die zur rechtswidrigen Tat geführt hat. Die Vorwerfbarkeit erfordert, daß der Täter zur Tatzeit fähig war, die bestimmte tatverwirklichende Willensbildung zu vermeiden" (S. 129). Darauf gründet sich die Forderung: „Keine Strafe ohne

Schuldfähigkeit!" Ersichtlich kommen diese Formulierungen wieder sehr nahe der klassischen Lehre von der Willensfreiheit als Grundlage des Schuldvorwurfs.

Indem ich mich also nun anschicke, neuere strafrechtsphilosophische Theoreme zur Willensfreiheit vorzustellen und kritisch zu prüfen, kann es sich von vornherein nur darum handeln, den eben bereits bezeichneten strafrechtlichen Aspekt beizubehalten, also den Zusammenhang zwischen der Lehre von der Willensfreiheit und dem strafrechtlichen Schuldvorwurf nicht aus den Augen zu lassen. Metaphysische oder nur rein moralphilosophische Betrachtungen muß ich mir versagen[1]). Allenfalls sind hier Ausblicke möglich.

Was ich unter Beibehaltung des strafrechtlichen Aspekts verstehe, möchte ich gleich an einem Beispiel beleuchten. Der große Physiker Max Planck hat in mehreren Vorträgen das Problem der Willensfreiheit als ein Scheinproblem enthüllen zu können geglaubt, sofern es sich hier um die Antinomie „zwischen der Freiheit des Willens und der Gebundenheit durch das Gesetz der Kausalität" handele. Diese Antinomie komme nämlich zum Verschwinden, wenn man gelernt habe, „zwischen dem äußeren und dem inneren Standpunkt der Betrachtung des Willens zu unterscheiden". Der innere Standpunkt werde eingenommen „bei der Betrachtung der gegenwärtigen und der zukünftigen Willensvorgänge im eigenen Ich". Der äußere Standpunkt dagegen werde eingenommen „bei der Betrachtung der Willensvorgänge anderer Menschen sowie auch bei der Betrachtung der vergangenen Willensvorgänge des eigenen Ich". Der letztere Standpunkt setze die unverbrüchliche Geltung des Kausalgesetzes voraus, also „kausale Determiniertheit" auch der Willensvorgänge. Dagegen belehre uns bei Einnahme des inneren Standpunktes unser Selbstbewußtsein dahin, daß „wir in jedem Augenblick, wie unseren Gedanken, so auch unserem Willen jeden beliebigen Inhalt geben können", daß wir also insoweit frei sind,

---

[1]) Bemerkenswert J. Ebbinghaus, Stud. generale 7, 1954, S. 520: „Unsere Juristen könnten sich viele philosophische Unkosten sparen, wenn sie sich nur von dem Gedanken freimachen wollten, sie bedürften zur Sicherung der Strafgerechtigkeit derjenigen Freiheit, über die die Philosophen streiten." Einen guten Überblick über die neueren philosophischen Theorien zum Thema „Willensfreiheit" bietet Ulrich Klug, Die zentrale Bedeutung des Schutzgedankens für den Zweck der Strafe, 1938, S. 77 ff.

und zwar nicht nur scheinbar, sondern wirklich frei. „Von außen betrachtet ist der Wille kausal determiniert, von innen betrachtet ist der Wille frei"[2]).

Sehen wir von anderen möglichen Einwänden gegen diese Behandlung unseres Problems ab, so kann sie — vom Standpunkt der Lehre von der Strafe als Sühne für Schuld — schon deshalb nicht als eine zufriedenstellende Lösung des strafrechtsphilosophischen Problems angesehen werden, weil sie eben dem spezifisch strafrechtlichen Aspekt nicht Genüge tut. Denn wenn es sich um die Begründung des Vorwurfs gegen einen Täter handelt, so sind wir von Rechts wegen gezwungen, den Standpunkt des strafenden Richters einzunehmen, welchen Planck als den äußeren bezeichnet. Handelt es sich ja hier um die „Betrachtung der Willensvorgänge anderer Menschen" und nicht um die Betrachtung unserer eigenen Willensvorgänge. Bei dieser „äußeren" strafrechtlichen Betrachtung ist aber für Planck die „kausale Determiniertheit" ohne weiteres vorausgesetzt, also die Willensfreiheit gar nicht mehr aktuell. Der „innere Standpunkt", für den nach Planck die Freiheit des Willens in Betracht kommt, hat also nur ethische Bedeutung, wenn wir die ethische Frage mit Kant formulieren als die Frage: „Was sollen wir tun?" Aber bei der strafrechtlichen Fragestellung kann uns der innere Standpunkt nicht weiterhelfen, zumindest nicht, wenn es sich um die Rechtfertigung des Schuldvorwurfs handelt.

Allerdings könnte man mit Arthur Kaufmann[3]) hier einzugreifen versuchen, indem man sagt: „Man darf nicht den Einwand bringen, auch das Schuldurteil sei eine nachträgliche Be-

---

[2]) Scheinprobleme der Wissenschaft, 1947, S. 20 ff. Siehe ferner: Die Physik im Kampf um die Weltanschauung, 1948, S. 24 f. Ähnliche Gedanken wie bei Planck kann man schon bei Bergson, Zeit und Freiheit (deutsche Ausgabe des Essays "Sur les Données immédiates de la Conscience"), 1920, S. 138 ff., 173, 174 unten entdecken, desgl. bei Georg Simmel, Einleitung in die Moralwissenschaft, 1892/3, Bd. 2, S. 207 Abs. 2 (Die Annahme, ob das Ich sich für A oder für B entscheiden könnte, bezeichnet nur die Situation v o r der Entscheidung). Simmel ist hier vielleicht beeinflußt durch Schopenhauer, bei dem sich gleichfalls Ansätze zur Planckschen Lehre feststellen lassen; siehe Welt als Wille und Vorstellung, Bd. 1 § 55 Abs. 3. In der Gegenwart Anklänge an die gleiche Anschauung bei Welzel, ZStrW 60, S. 449 Abs. 2. Kritisch zu Planck: Al. Wenzl, Philosophie der Freiheit, 1947, S. 251 ff.

[3]) Das Unrechtsbewußtsein in der Schuldlehre des Strafrechts, 1949, S. 113 f.

trachtung. Was der Richter anstellt, ist jedoch in Wahrheit eine
nachträgliche Prognose; nachträglich, weil die Tat in der Vergangenheit liegt, Prognose aber deshalb, weil das Urteil unter
Zurückversetzung in die Lage zur Zeit der Tat zu fällen ist. Bei
solcher nachträglicher Prognose aber erscheint der Willensakt des
Täters durchaus als frei." Indessen ist mit dieser „nachträglichen
Prognose" bereits der Planck'sche Gegensatz der Betrachtungs-
weisen in seiner Reinheit preisgegeben. Denn der „innere Standpunkt" Plancks soll ja der Standpunkt des Ich vor der Handlung
sein und nicht der Standpunkt des sich nachträglich einfühlend
an die Stelle des Ich versetzenden Richters. Zudem erhebt sich
das Bedenken, ob es wirklich Aufgabe des Richters bei der
Schuldbeurteilung ist (zum Unterschied etwa von einem Gefähr-
lichkeitsurteil!), den Standpunkt des Ich vor der Tat zu beziehen,
statt die aus bestimmten Motiven hervorgegangene Tat hinsicht-
lich ihrer Vorwerfbarkeit oder Nichtvorwerfbarkeit dieser
Motivation zu bewerten. Wie endlich, wenn sich der Richter,
indem er sich ganz an die Stelle des Täters vor der Tat versetzt
fühlt, erkennen muß, daß er eigentlich auch nicht anders hätte
handeln können als der Täter, daß ihm also sein Willensakt
keineswegs als frei erschienen wäre?

Auf ähnliche Weise jenseits der strafrechtlichen Problematik
liegen dürfte auch die an sich gewiß bemerkenswerte Freiheitslehre eines Jean Paul Sartre: Seine Lehre, daß der Mensch „verurteilt ist, frei zu sein"[4]), daß er in seine Freiheit „geworfen" ist
und nun auch auf Grund seiner freien Entscheidungen verantwortlich ist für sich selbst, für sein Sosein und „für die Welt"[5]),
eine Lehre, die in mancher Beziehung an die Lehre von Kant und
Schopenhauer vom intelligiblen Charakter als dem eigentlichen
Ort der Freiheit erinnert[6]), diese Lehre dürfte im wesentlichen
doch orientiert sein an einer individualethischen und metaphysischen Fragestellung. Sie hat existenzphilosophische Bedeutung.
Das Phänomen der Verantwortung des Menschen vor der strafenden Gemeinschaft wird hier um so weniger in den Blick
genommen, als nach Sartre der Mensch, indem er sich existentiell

---

[4]) Sein und Nichts, Deutsche Ausgabe, S. 370, 523

[5]) Vgl. a. a. O. S. 523. Siehe auch daselbst S. 525/26

[6]) Siehe dazu G. Schlißke, Die Ontologie J. P. Sartres als subjektiver
Idealismus, Münchner Dissertation 1961, S. 67/68

6

entscheidet, sein eigener Gesetzgeber wird[7]). Von diesem Standpunkt aus ist der Mensch letztlich nur vor sich selbst verantwortlich und nicht vor dem Staat und seiner Strafgewalt, womit auch das Freiheitsproblem einen ganz anderen Aspekt bekommt als für uns[8]).

Ich wiederhole: Es handelt sich für mich heute nur darum, kritisch Bericht zu erstatten über Theoreme, die den Zusammenhang von strafrechtlicher Verantwortlichkeit für rechtliche Schuld einerseits und Dogmen über die Willensfreiheit in der Strafrechtswissenschaft und Strafrechtsphilosophie der Gegenwart (welche allerdings immer zugleich die jüngste Vergangenheit einbegreift) andererseits betreffen.

Wenn ich sage, daß es sich um die dogmatische Situation in der „G e g e n w a r t" handele, welche immer auch die jüngste Vergangenheit in sich begreife, so möchte ich diese jüngste Vergangenheit in Gegensatz stellen zu jener Vergangenheit, die meines Erachtens heute schon nur noch historische Bedeutung hat, die nicht mehr unmittelbar die Diskussion in Atem hält, sondern allenfalls die Ausgangslage für die heute aktuelle Diskussion bildet. Diese nicht mehr unmittelbar aktuelle Vergangenheit, die an die „jüngste" Vergangenheit und Gegenwart angrenzt, wird in unserer Frage dargestellt durch die Problemlage zur Zeit des sog. Schulenstreits, der von mir aus gesehen, der ich gerade noch der Gegenwart anzugehören glaube, von der vorigen Gelehrtengeneration ausgetragen worden ist, von der Lisztschule, der Bindingschule und der vermittelnden Merkelschule. Um den Absprung in die Gegenwart und jüngste Vergangenheit zu ge-

---

[7]) "Qu'il n'y a d'autre législateur que lui même". Eine ganz andere Bedeutung hat es, wenn ein älterer juristischer Schriftsteller wie Kohler, Moderne Rechtsprobleme, 1907, S. 26 davon spricht, daß der Mensch „in bezug auf das Sittliche Gesetzgeber" sei. Hier ist nur gemeint, daß der freie Wille den Zwang der Naturgesetzlichkeit bricht. Es wäre abwegig, hier bereits einen existentialistischen Ansatz zu vermuten.

[8]) Zu Sartre s. Arthur Kaufmann, Das Schuldprinzip, 1961, S. 45 ff. Ansätze zu einer existenzphilosophischen Freiheitslehre auch bei Maihofer, Recht und Sein, 1954, S. 95/96: Das „Selbstsein" wird hier umschrieben als „Unbestimmtheit einer von niemand sonst auf der Welt als uns selbst begreifbaren und ergreifbaren Zukunft". Anschließend heißt es dann: „Dies ist die ‚absolute' Freiheit, in die wir in unserem Dasein als Individualperson gestellt sind, — frei zur Wahl der absoluten Notwendigkeit unseres eigensten Geschicks, einer ‚von außen' wie ‚im voraus' unbestimmbaren und unberechenbaren Fügung".

winnen, ist es vielleicht nützlich, gleichsam als Sprungbrett hinzustellen die Situation, wie sie sich innerhalb des Schulenstreits ergeben hatte. Dabei muß ich mich natürlich mit einer umrißhaften Darstellung begnügen.

Zu Beginn unseres Jahrhunderts als jene vorige Gelehrtengeneration den Schulenstreit austrug, stellten sich die Dinge etwa folgendermaßen dar:

1. Auf der einen Seite standen die „Klassiker", die in Binding ihr Haupt sahen und die, wie ja der Name schon sagt, an den traditionellen Vorstellungen von Schuld und Vergeltungsstrafe festhielten: Die Strafe ist Vergeltung für Schuld und setzt als Vergeltung Vorwerfbarkeit voraus. Echte Vorwerfbarkeit gibt es aber nur, wenn man dem Täter entgegenhalten kann, daß er unrechtmäßig gehandelt hat, obwohl er rechtmäßig hätte handeln können, obwohl er also „frei" war.

Binding selbst sagt so: „Wenn jeder Mensch mit gereifter und ungetrübter Erkenntnis sich von selbst für seine Handlungen verantwortlich erachtet . . ., wenn die Verantwortlichkeit nur aus der Freiheit entstehen kann, so muß der Mensch in seinem Wesen frei sein"[9]. Freiheit bedeutet allerdings nicht Grundlosigkeit des Handelns, nicht Zufälligkeit des Willensentschlusses und nicht Bedeutungslosigkeit von Motiv und Charakter (das Motiv ist nach Binding selbst „Produkt des Charakters"[10]). „Freiheit" bedeutet für Binding nur, daß die Handlung in der Persönlichkeit des Handelnden als einer selbst unbedingten Ursache wurzelt, daß also der Mensch nicht nur der Durchgangspunkt und Schauplatz von Geschehnissen ist, die über ihn hereinbrechen und sein Handeln mitreißen, indem sie seinen Charakter zu ganz bestimmten Verhaltensweisen nötigen[11]), daß vielmehr die eigentlich „zureichende Ursache" „in der Entschließung des Menschen selbst" liegt; „mit dem Individuum als dem Urheber seines Entschlusses bricht der Kausalzusammenhang nach rückwärts ab"[12]. Der Mensch als Urheber seiner Taten, als „Täter seiner

---

[9]) Normen II, 1, 2. Aufl., 1914, S. 78
[10]) a. a. O. S. 30. Einen Indeterminismus, der auf „Grundlosigkeit" des Handelns hinausläuft, lehnt Binding a. a. O. S. 16 ff. ausdrücklich ab.
[11]) a. a. O. S. 52 ff.
[12]) a. a. O. S. 37

Taten" ist ein „schöpferisches Prinzip"[13]). Mit dieser Freiheit steht und fällt die Handlungsfähigkeit, steht und fällt die Zurechnungsfähigkeit[14]).

2. Die Gegenposition zu den Klassikern vertraten die Modernen, die sich um Liszt scharten. Liszt war überzeugter Determinist, auch wenn er in seinem Lehrbuch von Anfang an das Strafrecht als „dem Streit über die menschliche Willensfreiheit entrückt" betrachten zu dürfen glaubte[15]). Diese scheinbare Neutralität ist nämlich dahin aufzufassen, daß die Willensfreiheit als metaphysische Freiheit des sogenannten intelligiblen Charakters im Sinne Kants unangefochten bleiben soll. Nur der „weltanschauliche" Streit um die Möglichkeit der Willensfreiheit soll das Strafrecht nichts angehen. Und zwar eben deshalb, weil das Strafrecht sich auf den Boden der Realitäten zu stellen hat. Im Bereich der Wirklichkeit, kantisch gesprochen: im Bereich der „Erscheinung" gilt unverbrüchlich das Kausalprinzip. Liszt sagt: Der das Strafrecht „allein berührende wissenschaftliche Determinismus bedeutet die unanfechtbare Anwendung des Satzes vom zureichenden Grunde auf die menschlichen Handlungen, soweit diese der Welt der Erscheinungen angehören." Alles menschliche Handeln ist „psychisch kausiert, also durch Vorstellungen bestimmt, determiniert, motiviert"[16]). Noch entschiedener und prägnanter hat sich Liszt zum Determinismus in einem Aufsatz in der von ihm herausgegebenen Zeitschrift für Strafrechtswissenschaft bekannt und dabei sehr bezeichnende Folgerungen gezogen. Der Aufsatz ist 1893 erschienen und dann in die „Strafrechtlichen Aufsätze und Vorträge" Bd. 2 (1905) aufgenommen worden. Wir können dort lesen: „Für das Recht

---

[13]) a. a. O. S. 40. Siehe auch schon S. 17 Anm. 2: „Ich verstehe unter Freiheit des Menschen seine Fähigkeit, alleinige Ursache seiner Handlungen zu werden".

[14]) a. a. O. S. 79. S. aber auch z. B. S. 58, 65 daselbst, ferner Grundriß des deutschen Strafrechts, Allgemeiner Teil, 8. Aufl., 1913, S. X ff. Neben Binding wäre als Klassiker noch etwa zu nennen: Josef Kohler, Moderne Rechtsprobleme, S. 26 f., 32 f., bei dem man ganz ähnliche Formulierungen wie bei Binding findet.

[15]) Lehrbuch, 1. Aufl., 1881, S. 4 unten. Siehe ferner etwa Lehrbuch, 10. Aufl., 1900, S. 69: „Der Gegensatz zwischen der deterministischen und der indeterministischen ‚Weltanschauung' ist ohne Bedeutung für das Strafrecht". Vgl. auch noch Liszt-Schmidt, Lehrbuch, 25. Aufl., 1927, S. 29 f.

[16]) So Strafrecht, 10. Aufl., 1900, S. 69

kommt nur die Welt der Erscheinungen in Betracht. Nur der ‚empirische‘ Mensch kann vor den Strafrichter gestellt, verurteilt, eingesperrt oder geköpft werden. Niemals der ‚intelligible‘ Charakter... Der Verbrecher, der vor uns steht als Angeklagter oder Verurteilter, ist also für uns Menschen unbedingt und uneingeschränkt unfrei; sein Verbrechen die notwendige, unvermeidliche Wirkung der gegebenen Bedingungen. Für das Strafrecht gibt es keine andere Grundlage als den Determinismus"[17]. Die Konsequenz für die Auffassung von Schuld und Strafe wird denn auch gezogen: „Verantwortlichkeit" bedeutet „nicht mehr als die Tatsache, daß wir den geistesgesunden Verbrecher für seine Tat strafrechtlich zur Verantwortung ziehen. Unsere Berechtigung, dies zu tun, liegt einzig und allein in der Zurechnungsfähigkeit des Verbrechers, also in seiner Empfänglichkeit für die durch die Strafe bezweckte Motivsetzung"[18]. Daher liegt auch die Zurechnungsfähigkeit nur begründet in der „normalen Bestimmbarkeit durch Motive"[19]. Der herkömmliche Begriff der Schuld, der auf dem Urteil basiert: „Du hättest anders handeln können", muß preisgegeben werden[20]. Die „pharisäerhafte Überhebung über den Verbrecher" muß fallen. Denn „Es ist nicht unser ‚Verdienst‘, daß wir nicht längst schon vor den Strafrichter gekommen sind; und es ist nicht seine ‚Schuld‘, daß ihn die Verhältnisse auf die Bahn des Verbrechens getrieben haben"[21]. Wir dürfen den Verbrecher so wenig wie den Aussätzigen ethisch brandmarken[22]. Daher darf die Strafe nicht länger „Vergeltungsstrafe" im herkömmlichen Sinne sein, sondern nur noch Zweckstrafe, d. h. Schutzstrafe[23]. „Für den

---

[17]) Aufsätze und Vorträge, S. 39

[18]) a. a. O. S. 45

[19]) a. a. O. S. 43

[20]) a. a. O. S. 47

[21]) a. a. O. S. 45. Der Vorwurf des Pharisäismus wird von den Modernen immer wieder gegen die Indeterministen erhoben. Vgl. jüngst auch Haddenbrock, Der Nervenarzt, 32, 1961, S. 145 rechts Abs. 2: Wenn der Richter durch einen Gutachter davon überzeugt wird, „daß innerhalb dieses wissenschaftlich ermittelten Freiheitsspielraums allein der schuldhaft böse Wille des Täters die Tat beging, daß dieser normwidrig handelte, obwohl er normgerecht hätte handeln können", so ist „wissenschaftlich fundierter Pharisäismus aller Nichtdiebe und Nichtmörder die logische Konsequenz".

[22]) a. a. O. S. 46 oben.

[23]) S. 48 ff.

Deterministen kann es nur eine Rechtfertigung der Strafe geben: ihre Notwendigkeit für die Aufrechterhaltung der Rechtsordnung. Ihm kann und darf die Strafe nichts anderes sein als ein Schutzmittel für die Gesellschaft. Der folgerichtige Determinismus führt notwendig zur völligen uneingeschränkten Verwerfung der Vergeltungsstrafe, zur ausschließlichen und rückhaltlosen Anerkennung der Zweckstrafe"[24]).

Welche Folgerungen sich für das Strafrecht im einzelnen aus dieser Grundhaltung Liszts ergeben, kann hier auf sich beruhen. Er interessiert uns jetzt nur mit dieser Grundhaltung in bezug auf das Problem „Willensfreiheit und Strafrecht". Und er steht hier auch nur als Repräsentant für die ganze Richtung, die als die „moderne Schule" antithetisch der klassischen Richtung gegenübergetreten ist.

3. Wie um das dialektische Prinzip der Vereinigung von Thesis und Antithesis in einer Synthese wahr zu machen, ist dann als dritte Richtung im „Schulenstreit" aufgetreten jene Richtung, die Schuld und Vergeltung auf deterministischer Basis festhalten möchte, die also zwar den Klassikern den gebührenden Tribut zollt durch Festhaltung der Strafidee (Strafe ist Vergeltung für Schuld), die aber den Modernen beipflichtet in der Auffassung, daß das Strafrecht einer deterministischen Grundlegung als der allein wissenschaftlich vertretbaren bedarf. Diese Richtung knüpft namentlich an Adolf Merkel an, mit dem sich auch Liszt in dem eben erwähnten Aufsatz auseinandergesetzt hat. Aber Merkel steht hier wieder nur als Repräsentant für eine ganze Gruppe, die, wie wir noch sehen werden, bis in die Gegenwart hinein Zulauf gefunden hat. Merkel selbst ist auch schon 1896 gestorben, gehört also nicht einmal mehr zur „vorigen Generation". Wohl aber zählen zu dieser Generation seine treuesten Anhänger wie Robert v. Hippel, Moritz Liepmann und Heinrich Gerland[25]).

Was Merkel selbst betrifft, den zu vernehmen nach wie vor lohnend ist, so ist er wie v. Liszt entschiedener Determinist. Das

---

[24]) a. a. O. S. 51/2.
[25]) Robert v. Hippel, Strafrecht II, 1930, S. 281 ff., Liepmann, Einleitung in das Strafrecht, 1900, S. 154 ff., 188 ff., Gerland, Lehrbuch des Strafrechts, 2. Aufl., 1932, S. 124

Kausalgesetz hat im Bereich des menschlichen Handelns Geltung.[26]) Die Handlungen fließen insbesondere aus dem Charakter. Der Charakter spricht sich in den Handlungen aus und die Handlungen weisen auf den Charakter zurück. Es gibt kein ursachloses Handeln. Wenn von Freiheit überhaupt die Rede sein soll, so nur in dem Sinne, daß sie die „Macht einer Individualität, ihrer Eigentümlichkeit gemäß wirksam zu werden", bedeutet. Der Mensch ist daher um so „freier", „je vollständiger das, was geschehen ist, in dem Charakter des Handelnden seine Erklärung findet"[27]). Ungeachtet dieser Determiniertheit der menschlichen Handlung durch den Charakter des Menschen ist ein Schuldvorwurf und ist auch Vergeltung möglich. Für die „Zurechnung zur Schuld", für „die Anrechnung zu Schuld und Schande" sind die „Eigenschaften entscheidend", welche in der Übeltat wirksam geworden sind, ganz eben so, wie die Zurechnung zum Verdienst an die Eigenschaften anknüpft, die sich in der edlen Tat wirksam zeigen: „Wir bewundern das Verhalten des Sokrates in bezug auf seinen Tod, nicht weil wir annehmen, daß er sich auch feig und selbstisch zeigen und doch derselbe hätte sein können, sondern weil uns in diesem Verhalten Eigenschaften entgegentreten, welche unserem moralischen Sinne eine ebenso unmittelbare Befriedigung gewähren, wie ein Kunstwerk unserem ästhetischen"[28]). Falsch ist daher nicht nur der Indeterminismus, der all dies verkennt, sondern auch der Schluß der Deterministen, daß, weil es kein ursachloses Handeln gibt, auch keine Schuld geben könne und keine Vergeltung möglich sei[29]). Da Schuld nichts anderes ist als Zurechnung zum Charakter, ist sie auf deterministischer Basis sehr wohl ein sinnvoller Begriff. Nicht weniger sinnvoll ist der Begriff der „Vergeltung". Denn diese bedeutet nichts anderes als „eine Gegenwirkung gegen das Verbrechen, welche die durch letzteres hervorgebrachten Mißverhältnisse auszugleichen bestimmt ist"[30]). Als solche muß sie zwar gerecht sein, steht aber nicht im Gegensatz zur Prävention, so wenig wie die Tatsache einer Erkrankung, die den Grund einer

---

[26]) Lehrbuch des Strafrechts, S. 73
[27]) a. a. O. S. 73/74
[28]) a. a. O. S. 74/75
[29]) a. a. O. S. 76/77
[30]) a. a. O. S. 187

ärztlichen Behandlung abgibt, ausschließt, daß diese ärztliche Tätigkeit auf Heilung, also auf etwas Zukünftiges gerichtet ist[31]). „Verbrechen enthalten wie . . . Erkrankungen . . . Grund und Maß für die ihnen nachfolgenden Handlungen nicht insofern, als sie Vergangenheit und abgetan sind, sondern nur insofern, als sie fortwirken und in ihren Wirkungen Interessen der Gegenwart und Zukunft berühren"[32]).

So weit die Lage an der Schwelle zur „jüngsten Vergangenheit und Gegenwart". Wir stellen uns ganz kurz die ihr immanente Dialektik vor Augen, um aus ihr die Aufgaben zu entnehmen, die der damaligen Zukunft und heutigen Gegenwart erwuchsen. Diese Dialektik hat wohl keiner schärfer formuliert als der geistvolle Max Ernst Mayer mit dem Satze: Dreierlei „steht unverrückbar fest: die Willensfreiheit ist undenkbar (sc. im Hinblick auf die Allgemeingültigkeit des Kausalprinzips), die Unverantwortlichkeit unerträglich (sc. aus ethischen Gründen), der Widerspruch zwischen Unfreiheit und Verantwortlichkeit unabweisbar" (denn es ist nicht wahr, daß echte Verantwortung und Determinismus vereinbar seien). Gehen wir dieser Dialektik noch einen Augenblick nach und lassen wir die wunderliche Ausflucht aus dem ‚Dilemma' auf sich beruhen, die Max Ernst Mayer selbst gesucht hat, indem er gesagt hat: „Die Menschheit ist zum Indeterminismus determiniert!"[33])

Als Thesis dürfen wir den Indeterminismus ansetzen. Er geht von dem, wie es scheint, unantastbaren, ewigen, in der Menschennatur und den menschlichen Ureinrichtungen festverankerten Sinngehalt von Verantwortlichkeit, Schuld und Strafe aus: Der Mensch leidet Strafe, weil er für sein Tun und Lassen verantwortlich ist, und er ist verantwortlich, weil und soweit er Schuld auf sich geladen hat. Schuld aber bedeutet Vorwerfbarkeit menschlichen Verhaltens angesichts dessen, daß der Schuld-

---

[31]) Näher S. 188/89, ferner S. 190 ff. betreffend „Gerechtigkeit und Zweckmäßigkeit". Siehe auch Eberhard Schmidt, Einführung in die Geschichte der deutschen Strafrechtspflege, 2. Aufl., 1951, S. 300 ff.

[32]) a. a. O. S. 189

[33]) Der allgem. Teil usw., 1915, S. 447/8, 451. Es handelt sich hier um eine der Prägungen, die den kantischen „Primat der praktischen Vernunft", das „Postulat" des Könnens um des Sollens willen („du kannst, denn du sollst!"), den Vorrang des Emotionalen gegenüber dem Rationalen derart zuspitzen, daß seine Fragwürdigkeit deutlich wird.

beladene sich anders verhalten hat, als er sich hätte verhalten können[34]). Eben dies aber macht die „Willensfreiheit" aus: der Mensch hätte sich anders verhalten können, als er sich verhalten hat. Das Verhalten ist nicht das zwangsläufige Produkt von angeborenem Charakter und Umweltbedingungen. Für beides „kann der Mensch nichts" und könnte deshalb gerechterweise insofern niemals die Zielscheibe eines Vorwurfs werden. Zielscheibe eines Vorwurfs kann der Mensch nur dadurch werden, daß er seinen Anlagen gegenüber und der jeweiligen Situation mit ihren Verführungen zum Schlechten gegenüber eine Art von Souveränität, von Erhabenheit, eben von „Freiheit" besitzt.

Der Determinismus als Antithese sieht in dieser Freiheitsvorstellung eine wissenschaftlich nicht haltbare Durchbrechung des Kausalprinzips. Mag im metaphysischen Bereich von Freiheit geredet werden, im diesseitigen Bereich, in dem Strafrecht und Strafrechtswissenschaft schalten und walten, untersteht jedes Geschehen und also auch das verbrecherische Verhalten dem Grundsatz, daß jedes Ereignis die Wirkung solcher Ursachen ist, die notwendig nach unverbrüchlichen Naturgesetzen dieses Ereignis zur Folge haben müssen. Die Ursachen des Verbrechens sind dabei immer von zweierlei Art: Anlage- und Umweltbedingungen. Jedes Verbrechen ist in der Tat das zwangsläufige Produkt von Charakter und Situation. Wer so gehandelt hat, wie er gehandelt hat, konnte nicht anders handeln, als er gehandelt hat. Mag der Charakter selbst auch nicht, wie manche behaupten, völlig unabänderlich sein, mag er ansprechbar, entwickelbar sein, so doch nur im Spielraum der angeborenen Erbanlagen und nur auf Grund von Einflüssen, die aus der Umwelt an ihn herangetragen werden und den Charakter formen. Hängt der der Strafe innewohnende Schuldvorwurf von der Annahme ab, daß der Verbrecher anders hätte handeln können, als er tatsächlich gehandelt hat, so muß er eben entfallen. Die Strafe muß dann einen anderen Sinngehalt bekommen als den von Sühne und Vergeltung. Die Strafe wird zur Schutzstrafe. Sie unterscheidet sich von anderen Schutzmaßnahmen für die Gesellschaft gegen sozialschädliches Verhalten allenfalls durch die spezifische Art und Weise des Schutzes, indem sie auf Grund normaler Motivier-

---

[34]) Diese Gedankenfolge tritt z. B. sehr deutlich in Erscheinung bei Kohler, Moderne Rechtsprobleme, S. 36 Abs. 2

barkeit Motive gegen die Verbrechensbegehung setzt. Die Strafe wirkt general- und spezialpräventiv. In gewissen Grenzfällen mag sie sogar einfach zur Sicherung und Unschädlichmachung werden.

Die Synthesis, wie wir sie in der Merkelschule aufgestellt fanden, hält, was das Charakteristikum jeder Synthesis ist, die Positionen von Thesis und Antithesis für einseitig zugespitzt. Der Indeterminismus versteigt sich ins Metaphysische, bestenfalls in „Postulate", die aber nur eine Ausflucht vor den Realitäten darstellen. Um die Unverbrüchlichkeit des Kausalprinzips ist im diesseitigen menschlichen Bereich nicht herumzukommen. Daraus darf jedoch nicht die Konsequenz gezogen werden, in welche die Einseitigkeit der sogenannten modernen Schule sich verrannt hat, daß nämlich der traditionelle ewige Gehalt von Schuld und Strafe hinfällig werde. So unverbrüchlich wie das Kausalprinzip gilt vielmehr auch das Vergeltungsprinzip. Die Strafe ist und bleibt nämlich eine spezifische Art von Reaktion (und nicht nur eine spezifische Art des Schutzes). Dieses Spezifikum wird von den Modernen nicht voll erfaßt, sondern die Strafe bloß als Schutzmaßregel eigner Art betrachtet, als Faktor im Spiel der Motive, als Gegengewicht gegen die Begehung von Verbrechen, womit schon gesagt ist, daß man alles nach Gesichtspunkten, die der Mechanik entnommen sind, betrachtet. Es bleibt dabei, daß die Strafe einen echten Vorwurf in sich schließt, nur nicht den, daß der konkrete Verbrecher in der konkreten Situation anders hätte handeln können. Der Vorwurf richtet sich gegen den Charakter selbst, den Charakter so wie er ist. Jeder steht ein für das, was er ist. Nichts anderes ist der Sinn der „Verantwortlichkeit". Wie wir gute Taten und große Leistungen loben, ohne uns daran zu kehren, daß sie nur kraft eingeborener Anlagen und kraft begünstigender Umstände zustande kommen konnten, und wie wir Menschen genial, willenskräftig und leistungsmächtig nennen und um deswillen verehren und auszeichnen, ohne danach zu fragen, wieviel auf Konto ihrer Erbanlagen und glücklicher äußerer Bedingungen zu setzen ist, so tadeln wir wegen verbrecherischer Taten verbrecherische Menschen, auch wenn wir wissen, daß sie so werden mußten und handeln mußten. Letzter Zielpunkt ist der Mensch selbst, an dem wir wie Gefallen so auch Mißfallen empfinden können. Dabei mag es wohl sein, daß wir uns vor Pharisäismus zu hüten haben, daß wir dem Geschick Dank schulden, daß es uns mit Anlagen ausgestattet hat, die uns nicht zum Verbrechen antrieben, daß es uns auch nicht in Umstände hineingestellt hat, die uns zum Verbrechen verführen konnten.

Wie aber jede Synthese nicht endgültig sein kann, ist auch diese Synthese ihrerseits wieder als neue These Ausgangspunkt weiterer Antinomien. Gegen die Synthese kann als Einwand geltend gemacht werden und ist auch der Einwand erhoben worden, daß sie die Eigentümlichkeit ethischer Betrachtung und Beurteilung verkenne, daß sie die Grenzen zwischen ethischem und ästhetischem Bereich verwische, daß sie den moralischen Vorwurf ästhetisierend entkräfte[35]). Im ästhetischen Bereich gilt wirklich das, was Schiller in seinem großartigen Gedicht „Das Glück" mit den Worten ausgedrückt hat: „Alles Höchste, es kommt frei von den Göttern herab. Wie die Geliebte dich liebt, so kommen die himmlischen Gaben; oben in Jupiters Reich herrscht, wie in Amors, die Gunst." Für den begnadeten Menschen gilt: „Schon vor des Kampfes Beginn sind ihm die Schläfen bekränzt." Aber wenn hier dem genialen Menschen Lob und Preis gespendet wird, obwohl und gerade weil ihn die Götter liebten, weil er im Grunde ohne eigenes Verdienst das wurde, was er war, so hat doch Schiller selbst in einem Satz auch des ethischen Verdienstes als des ganz anderen gedacht: „Vor Unwürdigem kann dich der Wille, der ernste, bewahreh."

So sehen wir uns, wenn auch auf höherer Ebene, wieder zurückgeworfen auf die Ausgangsposition: „Ein Vorwurf kann nur erhoben werden, wenn der Mensch etwas für das kann, was er getan hat", wenn er anders hätte handeln können als er gehandelt hat — so wie zum Verdienst nur das zugerechnet werden kann, was der „ernste Wille", der „gute Wille", der nach Kants Worten „allein und ohne Einschränkung gut" genannt werden kann, zustande gebracht hat. „Sobald das Wollen ein koordiniertes Glied eben desselben Naturprozesses ist, dem die Verdauung und die Gravitation angehören, so wird keine begriffliche Deduktion uns überreden, daß es sittlich zurechenbar ist" (so Simmel![36])).

---

[35]) s. z. B. Liszt, Aufsätze, S. 46 f., Kohler, Moderne Rechtsprobleme, 1907, S. 37 ff., a. a. O. S. 94 f, Al. Wenzl, a. a. O. S. 69/70

[36]) Moralwissenschaft Bd. 2, S. 211

Sind Charakter und Umwelt gleichermaßen am Verbrechen beteiligt, so ist auch prima facie schwer zu verstehen, wie gerade der C h a r a k t e r, für den man ebensowenig „etwas kann" wie für die U m s t ä n d e, nach Merkel und anderen Träger eines Schuldvorwurfs sein soll, also eines ethischen Vorwurfs, der etwas anderes ist als ein saft- und kraftloses Mißbilligen und das einer etwaigen tragischen Schickung gewidmete Bedauern. Die Tat, die aus dem zwangsläufig erworbenen oder entwickelten Charakter fließt, scheint auch nicht „freier" und vorwurfswürdiger dadurch zu werden, daß sie aus dem Innern kommt. Denn dieses Sichausleben des Charakters ist auch nichts anderes als das, was Kant in Anknüpfung an Leibniz als „Automaton spirituale" bezeichnet hat, dessen Freiheit nicht besser sei als die „eines Bratenwenders, der auch, wenn er einmal aufgezogen worden, von selbst seine Bewegungen verrichtet"[37]).

So bieten sich von selbst die Ansatzpunkte dar für die Überlegungen, die zu neuen Konzeptionen in der Gegenwart geführt haben und die zunächst einmal in Gestalt von Fragen exponiert sein mögen:

1. Gilt wirklich das Kausalprinzip unverbrüchlich in allen Bereichen, auch in den geistigen Bereichen, die für das Strafrecht erheblich sind?

2. Ist eigentlich der Sinn der „Freiheit" ausgeschöpft mit der überlieferten Wendung: Der Täter hätte anders handeln können, als er gehandelt hat?

3. Was bedeutet überhaupt diese Formel: „Der Täter hätte anders handeln können, als er gehandelt hat?"

4. Gibt es neuere Auffassungen des „Wesens" von Schuld, Sühne, Vergeltung, Verantwortung und Strafe, die es ermöglichen, dem Problem der Willensfreiheit auf neuen Wegen beizukommen?

Was zunächst die Geltung des Kausalprinzips betrifft, die schon früher nicht unangefochten geblieben ist[38]), so hat, wie die Philosophie der Freiheit überhaupt, so auch die Strafrechtsphilosophie neue Hoffnung für eine Stärkung des Indeterminismus

---

[37]) Kritik der praktischen Vernunft, Kritische Beleuchtung . . . , Ausgabe Kehrbach (Reclam), S. 117/18
[38]) Siehe z. B. Bergson, Zeit und Freiheit, 1920, S. 159 ff.

schöpfen zu können geglaubt aus der Entwicklung der modernen Naturwissenschaften. Was die Philosophie der Freiheit im allgemeinen betrifft, so sei hier nur hingewiesen auf das Buch von Aloys Wenzl, der ein vorzüglicher Kenner der modernen Physik ist, nämlich das Buch, das im Jahre 1947 erschienen ist und den Titel trägt „Philosophie der Freiheit". Dort wird ausgeführt: „Eine materielle Welt, in der alles Geschehen mathematisch bestimmt ist und daher nachrechenbar und vorausberechenbar ist bei gegebener Kenntnis der Anfangsbedingungen, das war das physikalische Weltbild von gestern"[39]). Die Physik der Gegenwart steht im Zeichen des Planck'schen Wirkungsquantums h, der Heisenbergschen Unsicherheitsrelation und der Auffassung, daß die letzten Naturgesetze nur Wahrscheinlichkeitsgesetze sind. Zum mindesten darf auf „einen Spielraum von objektiver Unbestimmtheit"[40]) als eine Möglichkeit geschlossen werden, und „zum mindesten müssen wir das Tor zum Indeterminismus offen lassen, wenn wir uns an die Erfahrung halten"[41]). „Indeterminismus" würde dann speziell „in der Mikrophysik heißen, daß die Materie durch ihr inneres Wesen nur gebunden sei, eine von mehreren Möglichkeiten zu erfüllen, und daß es . . . mehrdeutige Situationen für sie gäbe"[42]). Wohlgemerkt: „Die Mikrophysik behauptet nicht schrankenlose Freiheit", sondern nur einen „Spielraum der Freiheit"[43]). Erst recht ist dann aber für die lebende Natur innerhalb der modernen Biologie und Naturphilosophie der „Bann der mechanistischen Lebensauffassung gebrochen"[44]). Vitalismus und Holismus vertreten die Lehre, „daß der Organismus mehr leistet als eine Maschine"[45]). Aber auch die schlichte Beobachtung des tierischen Verhaltens vermittelt uns „den Eindruck eines weitgehend freien, oft willkürlichen und spielerischen Verhaltens"[46]). Und nicht das Individuum, sondern auch die „Stammesentwicklung" zeigt uns Freiheit. Denn es gibt „mehr Artenmannigfaltigkeit, als unter dem

---

[39]) a. a. O. S. 22/23
[40]) a. a. O. S. 25 unten.
[41]) a. a. O. S. 26
[42]) a. a. O. S. 28
[43]) a. a. O. S. 30
[44]) a. a. O. S. 31
[45]) a. a. O. S. 32
[46]) a. a. O. S. 37 unten.

Gesichtspunkt der Angepaßtheit erklärbar ist"[47]). Mit einem
Wort: Die Freiheit des Menschen ist „im Naturreiche vor-
gebildet"[48]).

Wenden wir uns gleich der strafrechtsphilosophischen Auswer-
tung dieser naturphilosophischen Ergebnisse zu, so finden wir
einen durch sie begründeten Indeterminismus namentlich bei
Hellmuth Mayer. Vor ihm hat allerdings schon Mezger in seiner
unten noch zu besprechenden Abhandlung „Über Willensfreiheit"
(1947) die Lehren der modernen Mikrophysik in seine Überlegungen einbezogen, aber ohne doch mehr aus jenen Lehren ab-
leiten zu wollen als das Gebot der Preisgabe des Vorurteils, daß
das gesamte Naturgeschehen den Gesetzen der „klassischen
Mechanik" gehorche, an denen z. B. Kants Naturphilosophie
orientiert gewesen sei. Die berühmte Laplace'sche Annahme, daß
ein Weltgeist, der in einem gegebenen Augenblick Einsicht in all
das hätte, was hic et nunc gegeben sei, auch „alles Geschehen in
Vergangenheit, Gegenwart und Zukunft mit absoluter Genauig-
keit... vorwärts und rückwärts berechnen könnte", habe sich
als unmöglich und sinnlos erwiesen[49]). Andererseits aber dürfe
aus der Unbeweisbarkeit einer streng kausalen Bindung nicht
gefolgert werden, daß sie auch „in Wirklichkeit" nicht bestehe[50]).

Weiter geht nun also Hellmuth Mayer[51]). Mit der Erkenntnis,
daß das mikrophysikalische Geschehen nicht eindeutig determiniert ist, „verschwindet jeder Grund, das organische Geschehen,
welches fraglos mikrophysikalisch gesteuert ist, als eindeutig
mechanisch determiniert zu betrachten". „Damit ist das real
körperliche Geschehen offen für eine Steuerung durch den Geist".
Es ist „die einzig vernünftige Ansicht, welche durch die moderne
Physik auch ermöglicht ist, daß das menschliche Handeln nicht
eindeutig mechanisch kausal determiniert ist, sondern durch den
menschlichen Geist gesteuert wird, daß also der tätige Geist
wirkt, der gegenüber der kausalen Naturgesetzlichkeit frei ist".
Allerdings kann man „das geistige Geschehen selbst als kausal
bestimmt betrachten". Man kann auch „das geistige Geschehen als

---

[47]) a. a. O. S. 40
[48]) a. a. O. S. 41
[49]) Mezger, a. a. O. S. 18/19. Vgl. hierzu auch Klug, Die zentrale Bedeutung des Schutzgedankens für den Zweck der Strafe, 1938, S. 85 ff.
[50]) a. a. O. S. 20; vgl. dazu Wenzl a. a. O. S. 23 f.
[51]) Strafrecht, Allgemeiner Teil, 1953, S. 229 f.

nur sinnhaft verbunden und durch Sinn und Wert gelenkt betrachten". Keinesfalls ist also die Freiheit „sinnleerer Zufall". Geleugnet wird auf Grund der modernen Physik nur eine naturalistisch-mechanistische Deutung des menschlichen Handelns. Geleugnet wird auch, daß die geistige Welt „nach Art einer physikalischen Kausalität als in Wechselwirkung mit der realkörperlichen verbunden gedacht werden" müsse. „Motive und Charakterstrukturen sind keine Kräfte, welche im physikalischen Sinn aufeinander zu wirken vermöchten. Man müßte . . . die Charakterstrukturen in Hirnstrukturen, die Motive in nervöse Reize umdeuten, um sie kausal verbinden zu können".

Indessen scheint mir durch diese Mayer'sche Darlegung — wie auch durch die Mezger'sche — nur erwiesen, daß das seelisch-geistige Geschehen im organischen und menschlichen Bereich nicht d e s h a l b unfrei ist, weil auch in diesem Bereich eine mechanische Kausalität im Sinne der klassischen Physik obwalten würde, weil insbesondere auf Grund eines psychophysischen Parallelismus oder auf Grund einer psychophysischen Wechselwirkung die das physische Geschehen streng determinierende „mechanische" Kausalität zwangsläufig eine entsprechende Notwendigkeit im psychischen Geschehen zur logischen oder realen Folge haben müsse. Offen bleibt, ob nicht gemäß der mehrfachen „Wurzel des Satzes vom zureichenden Grunde" innerhalb des seelisch-geistigen Geschehens eine eigentümliche Kausalität Platz greift. Die Erschütterung des weitverbreiteten Vertrauens in die strenge Gesetzmäßigkeit allen Geschehens vollzog sich zuerst nur in der Mikrophysik. Im makrophysikalischen Geschehen ist das Kausalprinzip noch nicht preisgegeben. Man wird vorsichtig sein müssen mit Analogieschlüssen und wird für jeden Bereich das Kausalprinzip gesondert auf die Probe stellen müssen[52]). So auch für den seelisch-geistigen Bereich! Halten wir als allgemeinen Begriff der Kausalität nicht mehr und nicht weniger fest als den Merkmalskomplex „Gesetzmäßigkeit in der Aufeinanderfolge der Erscheinungen", so erhebt sich also die Frage, ob ungeachtet des Gegebenseins oder Nichtgegebenseins dieser Gesetzmäßigkeit in diesem und jenem Bereich der Natur das menschliche Verhalten als solches in dem Sinne einer strengen Gesetzmäßigkeit und

---

[52]) Gegen „Gebietsüberschreitungen" auch Nicolai Hartmann, Ethik, 1926, S. 597

demgemäß auch „Notwendigkeit" unterworfen ist, daß ein Mensch von bestimmten Anlagen und Charakterzügen in einer konkreten Situation, die ihm bestimmte Handlungsreize darbietet, kraft jener Gesetzmäßigkeit, die die seelisch-geistigen Motivationszusammenhänge beherrschen mag, nicht anders als gerade so handeln konnte, wie er tatsächlich gehandelt hat. Ist jedes menschliche Verhalten und also auch jedes kriminelle Verhalten das notwendige Produkt der Faktoren „Anlage" und „Umwelt" oder hätte — wie die herkömmliche Formulierung des Indeterminismus lautet — der Verbrecher auch anders handeln können als er gehandelt hat?

Die moderne Naturwissenschaft kann uns zwar davor bewahren, von einer das materielle Geschehen beherrschenden strengen Gesetzmäßigkeit auf eine ebenso strenge Gesetzmäßigkeit im seelisch-geistigen Bereich zu schließen, und zwar sowohl deshalb, weil nach dem Gesagten nicht einmal mehr die Prämisse der durchgängigen Geltung des Kausalprinzips in der Natur unbezweifelt ist, wie auch deshalb, weil die Schichtung des Seins Analogieschlüsse von einer Schicht auf die andere fragwürdig macht. Aber dann müssen wir eben für das kriminelle Geschehen als einen Teil des seelisch-geistigen Geschehens die Frage gesondert stellen: Hätte der Täter anders handeln können als er gehandelt hat, oder nicht?

Wiederum überschreitet es meine Kompetenz, die Geltung des Kausalprinzips im psychischen Bereich näher zu behandeln. Hier ist der Psychologe und natürlich auch der Psychiater zuständig[53]). Wohl aber glaube ich, daß es meine Aufgabe ist, gerade der im Bereich der Ethik und Strafrechtsphilosophie üblichen Formulierung kritisch nachzugehen: „Der Täter hätte anders handeln können, als er gehandelt hat" bzw. auch nachzugehen der dazu in Gegensatz tretenden Formulierung: „Der Täter hätte n i c h t anders handeln können, als er gehandelt hat"[54]). Vielleicht daß

---

[53]) Sehr lehrreich jetzt: Haddenbrock, Die Unbestimmheitsrelation von Freiheit und Unfreiheit als methodologischer Grenzbegriff der forensischen Psychiatrie, Der Nervenarzt 32, 1961, S. 145 ff. Dazu dann W. v. Baeyer, daselbst S. 225 ff., und das Schlußwort von Haddenbrock, dass. S. 227/28

[51]) Zur Gebräuchlichkeit dieser Formeln s. z. B. Windelband, Über Willensfreiheit, 1905, S. 212, Nicolai Hartmann a. a. O. S. 565 ff., passim, z. B. S. 566 Abs. 2, 569 Abs 2, 570 oben, 571, andererseits Kohler a. a. O. S. 36 Abs. 2, oder jüngst noch Hilde Kaufmann, Juristenzeitung 1962, S. 197 rechts unter B I.

schon eine kritische Analyse dieser Formeln für unser Problem etwas leistet.

In dieser Beziehung ist es nun sehr interessant, daß aus dem Nachlaß von Alexander Graf zu Dohna im Jahre 1954 ein Aufsatz veröffentlicht worden ist mit dem Titel „Ein unausrottbares Mißverständnis"[55]), der gerade an unsere eben zur Diskussion gestellte Formel anknüpft. Dieser Aufsatz beginnt mit den Worten: „Immer wieder begegnet einem im strafrechtlichen Schrifttum der Satz, von Schuld könne nur dort die Rede sein, wo der Täter auch anders hätte handeln können, als er gehandelt hat". Eben diese „Annahme eines Andershandelnkönnens" erklärt Graf Dohna für eine „Illusion", genauer für ein „Mißverständnis". Gemeint könne mit jener oft gebrauchten Wendung nur sein: „es müsse in genere möglich gewesen sein, anders zu handeln". Nicht der Täter konnte in der Situation, in der er sich befand, anders handeln als er gehandelt hat, sondern „man" konnte anders handeln, d. h. „das Menschengeschlecht ... mit alleiniger Ausnahme ausgerechnet des Täters!" „Dieser eine konnte gerade nicht!" Und zwar nicht „infolge der Besonderheit seiner Reaktionsweise auf Motive, die jedoch den Ablauf des Geschehens mit genau der gleichen Notwendigkeit bestimmt"[56]).

---

[55]) ZStrW 66, S. 505 ff. Leider will es mir scheinen, daß sich bei der Publikation (oder schon im Manuskript selbst) Versehen eingeschlichen haben, die Dohna bei genauerer Durchsicht ausgemerzt hätte. So muß es m. E. S. 507 Mitte heißen: „Als Ursache im Bereich der anorganischen Natur" und vermutlich S. 507 unten zu Beginn des letzten Abschnittes: „Da es nun offenbar viele Leute gibt, welche wie Fichte ... unter K a u - s a l i t ä t nur mechanische Einwirkung verstehen ...".

[56]) a. a. O. S. 508. Übrigens hat schon Windelband in seinen Vorlesungen „Über Willensfreiheit" (1905), S. 212 eine analoge Ausführung gemacht: „Man sagt gern, wir machten den Menschen für das, was er getan hat, insofern verantwortlich, als wir anzunehmen berechtigt sind, daß er ,anders hätte handeln können'. Diese Formel ist nun an sich äußerst unglücklich ... Die Behauptung, daß der Mensch auch anders hätte handeln können, trifft ... für den konkreten Menschen in dem konkreten Falle keineswegs zu: er hat ja in der gegebenen Lage notwendig so handeln müssen, gerade weil er so war ... Der Satz also, daß er auch anders hätte handeln können, hat zu seinem eigentlichen Subjekt nicht diesen konkreten Menschen in dieser konkreten Lage, sondern vielmehr den Gattungsbegriff des Menschen überhaupt. Seine Wahrheit besteht darin, daß andere Menschen anders gehandelt haben würden, eben weil sie andere wären, und daß der Einzelne selbst anders gehandelt hätte, wenn er anders gewesen wäre". Aus dem strafrechtlichen Schrifttum der neueren Zeit vgl. ferner Nowakowski, Rittler-Festschrift, 1957, S. 73 Abs. 2

Allerdings erhebt sich das von Graf Dohna selbst wohl bemerkte Bedenken, daß es eigentlich nicht recht verständlich ist, wie man einen Menschen dafür verantwortlich machen kann, daß a n d e r e , d. h. mit anderen Anlagen und Charaktereigenschaften ausgestattete Personen sich in der konkreten Situation anders hätten verhalten können. Auf die Antwort, die er für diese Frage bereithält, werden wir noch zurückkommen. Zunächst möchten wir noch einen Augenblick verweilen bei der Formel vom Andershandelnkönnen selbst.

Zunächst ist es doch wohl fragwürdig, ob man ihr eine so zugespitzte Deutung, wie Graf Dohna sie für angebracht hält, geben darf. Natürlich müssen wir jetzt von der rein indeterministischen Interpretation absehen, wenn wir mit Graf Dohna eine Deutung gerade vom deterministischen Standpunkt aus suchen. Gewiß ist es aber eine Übertreibung zu sagen: „J e d e r andere mit Ausnahme des Täters hätte anders handeln können". Denn warum sollte es nicht noch andere geben, die in der betreffenden konkreten Situation ebenso gehandelt hätten wie der Täter selbst? Gemeint kann doch wohl nur sein: Viele, und zwar die nach rechtlichem Urteil Gutgeratenen, die den „Durchschnitt" bilden, hätten an Stelle des Täters anders gehandelt. Die Formel vom „Andershandelnkönnen" läuft dann hinaus auf das Urteil, das vielleicht schon eine Wertung enthält: nur weil die Täterpersönlichkeit vom Durchschnitt abwich, da der Täter anders war, als er hätte sein sollen, konnte er nicht anders handeln. Wäre der Täter ein anderer, ein Wohlgeratener gewesen, so hätte er anders gehandelt[57]).

Aber dann bleibt immer noch der Stachel, daß der Täter dafür verantwortlich gemacht wird, daß andere an seiner Stelle hätten anders handeln können b z w. d a ß e r a l s e i n a n d e r e r (nach Simmel: auf Grund erlittener Strafe) hätte anders handeln können, während wir doch jemand dafür verantwortlich machen wollen, daß gerade er anders hätte handeln können, und zwar als derjenige, der er damals war, als er handelte. Gibt es vielleicht eine sinnvolle Auslegung der Formel, die einerseits nicht

---

[57]) Wohl nur eine geringfügige Modifikation dieses Gedankens ist es, wenn G. Simmel, Moralwissenschaft II, S. 219, der Formel vom Andershandelnkönnen die Wendung gibt: der Täter hat n a c h e r l i t t e n e r S t r a f e die Möglichkeit, ceteris paribus anders zu handeln. Auch hier wird der wirkliche Täter gegen einen anderen Täter ausgewechselt.

auf die klassische indeterministische Interpretation hinausläuft, andererseits doch auf den konkreten Täter, so wie er zur Zeit der Tat war, anwendbar ist?

Streng genommen gehört ja die Fragestellung, ob jemand in einer konkreten Situation anders hätte handeln können als er tatsächlich gehandelt hat, zu jenen Fragestellungen, die in Gefahr sind, als sinnlos angesehen zu werden[58]). Diesbezügliche Behauptungen sind ja im Grunde nicht verifizierbar. Die Gesetzmäßigkeit der Aufeinanderfolge zweier Erscheinungen, welche nun einmal die Kausalität kennzeichnet, läßt sich wissenschaftlich nur im Experiment erhärten, das uns — übrigens auch nur mit der jedem Erfahrungsbeweis anhaftenden Vorläufigkeit — zeigt, daß auf die eine Erscheinung unter genau den gleichen Umständen immer wieder die gleiche andere Erscheinung folgt. An sich sind Experimente nicht nur im Bereich der anorganischen Natur, sondern auch in der Pflanzen- und Tierwelt, und sogar auch im Bereich des menschlichen Seelenlebens durchführbar. Ob aber eine individuelle Person, die in eine bestimmte Handlungssituation hineingestellt war, anders hätte handeln können, als sie tatsächlich gehandelt hat, ließe sich nur dann experimentell überprüfen, wenn man jene Person als genau dieselbe Individualität wiederholt in die gleiche konkrete Situation versetzen könnte und dann beobachten könnte, ob einmal ein anderes Handeln herausspringt, als es in jenem Falle herausgesprungen ist, der die Anregung zur Überprüfung gibt. Dergleichen Experimente sind aber im Bereich des ethisch und strafrechtlich relevanten höheren menschlichen Seelenlebens grundsätzlich deshalb nicht erfolgversprechend, weil der Mensch, in Sonderheit der zurechnungsfähige Mensch, der uns jetzt allein interessiert, weitgehend aber auch der zurechnungsunfähige Mensch, über Gedächtnis verfügt und daher in einer späteren Situation die Erinnerung an die frühere Situation, an die frühere Tat, an deren Folgen, an die seelischen Rückwirkungen besitzt und auf Grund dessen jetzt ein anderer ist als er es zuvor war. Mit anderen Worten: die für unser Experiment notwendige Voraussetzung, daß es sich um denselben

---

[58]) Vgl. schon Binding Normen II 1, 2. Aufl., 1914, S. 24: „nie mehr ist der Mensch von morgen genau derselbe, der er heute war". Daher kann die Versicherung, wenn alle vorhergehenden Umstände genau dieselben seien, müßten wir jedesmal den gleichen Entschluß fassen, „nur eine erheiternde Wirkung üben". Jene Versicherung ist „dem Sinne nach falsch".

Menschen in der gleichen Situation handelt, läßt sich nicht herstellen[59]. Daher ist das Experiment nicht erfolgreich durchführbar, die Frage nach dem Andershandelnkönnen in diesem exakten Sinne nicht beantwortbar. Wir müssen Nowakowski beipflichten, wenn er sagt: „Der Streit um die Willensfreiheit kann seinswissenschaftlich nicht entschieden werden"[60].

Soll also die Wendung vom „Andershandelnkönnen" einen vernünftigen Sinn bergen, so muß er jenseits der traditionellen Kontroverse um die Willensfreiheit gesucht werden. Wir müssen dahingestellt sein lassen, ob das konkrete Handeln des konkreten Täters in der konkreten Situation mit absoluter Notwendigkeit determiniert war oder nicht. Was aber kann dann die mit jedem Vorwurf implicite verknüpfte Behauptung, der Täter habe anders handeln können, noch bedeuten, wenn wir auch die Auffassung von Graf Dohna nicht gelten lassen wollen, daß ein a n d e r e r als der konkrete Täter hätte anders handeln können? Die Dohna'sche Deutung hat ja immerhin das eine für sich, daß sie logisch vereinbar ist mit dem Dahingestelltbleiben dessen, ob der k o n k r e t e Täter anders hätte handeln können. Ein anderer als der konkrete Täter hätte in der konkreten Situation anders handeln können, sagt nur aus, daß gemäß allen Regeln der Erfahrung behauptet werden darf, daß viele Menschen, und zwar eben solche, die wir als die rechtlich Gesinnten ansehen, in einer Situation wie der, in der sich der individuelle Täter befunden hat, sich anders als dieser letztere betragen hätten. In welchem Sinn können wir nun dahingestellt sein lassen, ob der konkrete (individuelle) Täter hic et nunc der Notwendigkeit unterstand, so zu handeln wie er gehandelt hat und dennoch die mit dem Vorwurf gesetzte Behauptung wagen, dieser Täter hätte anders handeln können als er gehandelt hat? Nun: ich glaube,

---

[59] siehe dazu auch Bergson a. a. O. S. 157 f.

[60] a. a. O. S. 57, s. a. daselbst S. 58: „Die letzte Deutung bleibt offen. Das liegt vermutlich in der Natur des Problems. Es fehlt der ‚archimedische Punkt' außerhalb eines menschlichen Ichs, von dem aus die Frage objektiv beurteilt werden könnte. Die Entscheidung für die eine oder für die andere Lösung ist zuletzt immer ein persönliches Bekenntnis" (Literarische Nachweise dazu noch in Anm. 29 a. a. O.). Vgl. ferner Haddenbrock, Die Unbestimmtheitsrelation von Freiheit und Unfreiheit usw., Der Nervenarzt 32, 1961, S. 145 ff. (namentlich S. 148 li. unter d), sowie S. 227/28 („Agnostizismus"!, d. h. Haddenbrock bestreitet nicht die Freiheit, wohl aber ihre Beweisbarkeit, sie ist „Bekenntniswahrheit", nicht „Erkenntniswahrheit").

daß man hier doch noch eine Deutung wagen kann, die mit der
des Grafen Dohna wenigstens insofern übereinkommt, als auch
sie eine gewisse Abstraktion vornimmt. Denn das hat Dohna
wie schon früher Windelband richtig bemerkt, daß irgendeine
Abstraktion von der konkreten Person und der konkreten Situation stattfinden muß, um die These des Andershandelnkönnens
jenseits von Determinismus und Indeterminismus mit Sinn zu
erfüllen. Ich wehre mich nur dagegen, daß man jetzt gerade vom
Täter selbst und seiner Individualität abstrahiert und zu einem
anderen Menschen oder zur „Gattung Mensch" überspringt. Die
Abstraktion muß sich immerhin im Rahmen der persönlichen
Qualitäten des Täters selbst bewegen. Insofern ist auch der oben
schon gestreifte Ansatz von Simmel glücklicher, der die konkrete
Täterpersönlichkeit nicht aus dem Auge verliert: daß der Täter
„frei war", d. h. „daß er auch hätte anders wollen können"
bedeutet, daß „die Möglichkeit vorhanden ist, daß er nach erlittener Strafe anders handelt". Demgemäß muß „allerdings in
ihm die Fähigkeit, die Spannkraft auch zu anderem Handeln
liegen". „Diese Möglichkeit, die erst durch die Strafe in einem
späteren Moment aktualisiert werden soll, wird von der gewöhn-
lichen Anschauung mit der anderen vereinigt, aus der das Unrecht
hervorging, und als ihr Äquivalent gesetzt — dies eben bedeutet
der alte Freiheitsbegriff —, während tatsächlich die erstere in
dem Moment vor der Tat eine sehr viel schwächere war und erst
der eingetretenen Strafe bedurfte, um zur Wirklichkeit zu werden." Daß man anders hätte handeln können, als man gehandelt
hat, bedeutet „ein ganz reales Lagerungsverhältnis von Elemen-
ten, das vermöge des Eintritts neuer Kraftwirkungen zu einem
bestimmten Zustand oder Leistung fortgebildet wird ... Die
Möglichkeit ist die gedankenmäßige Antizipation einer künftigen
Entwicklung"[61]).

---

[61]) a. a. O. S. 219 f. Siehe ferner betreffend die p s y c h o l o g i s c h e n
Grundlagen des Gedankens, „daß wir auch anders handeln könnten, als wir
wirklich handeln" daselbst S. 227 ff.: eine Wurzel dieser Vorstellung liegt
in der Erfahrung der Spannweite des Ich, in der Beobachtung, daß „wir
zu verschiedenen Zeiten selbst unter ähnlichsten Umständen tatsächlich in
sehr verschiedener Weise handeln" (S. 227). „Die Erfahrung, daß wir das
Heterogenste nacheinander und auch gleichzeitig in verschiedenen Pro-
vinzen unserer Interessen und Fähigkeiten wollen, ist gewiß ein Ursprung
des Glaubens, daß wir an dem letzten einfachen Punkt unseres Wesens die
Wahl zwischen den entgegengesetzten Möglichkeiten des Wollens haben"
(S. 229).

Ich selbst möchte so formulieren: Der konkrete Täter hätte in der konkreten Situation, in der er sich befand, in dem Sinne und nur in dem Sinne anders handeln können, als er gehandelt hat, als er seinen allgemeinen Anlagen entsprechend bei Anwendung derjenigen Willenskraft oder derjenigen Besorgnis, deren Mangel wir ihm zum Vorwurf machen, in der konkreten Situation anders hätte handeln können. Gemäß unserer Voraussetzung müssen wir dabei offen lassen, ob dem Täter nach seiner Natur, so wie sie im Augenblick der Tat gegeben war, mehr Willenskraft oder mehr Besorgnis hätte aufbieten können. In dieser Beziehung müssen wir uns mit Nichtwissen erklären. Bis zum Letzten, nämlich bis ins Innerste des Menschenwillens kann nur der Indeterminismus vordringen mit der Erklärung: der Täter hätte anders handeln können, also auch mehr Willenskraft bzw. Besorgnis aufbieten können, als er tatsächlich prästiert hat. Sehen wir einen solchen Indeterminismus als nicht beweisbar an, so müssen wir uns also damit begnügen zu sagen: hätte der Täter diejenige Willenskraft und diejenige Besorgnis aufgeboten, die ihm bei seiner sonstigen persönlichen Verfassung immerhin möglich war, so hätte er auf Grund seiner geistigen Konstitution anders handeln können.

Selbstverständlich stellen sich jetzt neue Schwierigkeiten ein, auf die wir noch zurückkommen müssen. So erhebt sich die Frage, w a n n davon gesprochen werden kann, daß dem Täter seiner allgemeinen Persönlichkeitsverfassung nach ein Andershandeln möglich gewesen wäre, unter welchen Gesichtspunkten hier irgendwelche Kriterien bereitgestellt werden können. Ferner erhebt sich die Frage, ob nicht unsere Auffassung doch irgendwie darauf hinausläuft, dem Täter ein Sosein vorzuwerfen, für das er „nichts kann". Mit diesen Fragen werden wir uns auseinandersetzen müssen. Aber bevor wir auf sie eingehen, möchten wir noch andere Auffassungen vom Sinn der „Freiheit" im Hinblick auf die strafrechtliche Verantwortung kennenlernen[62]).

Wenn wir nämlich in der vorstehenden Darlegung in gewissem Sinne eine Art von „Freiheit" des Andershandelnkönnens herausgestellt zu haben glauben, so sehen wir uns damit in Konkurrenz

---

[62]) Im Zusammenhang mit der Besprechung dieser anderen Auffassungen werden wir dann auch noch auf weitere Deutungen des Begriffs „Andershandelnkönnen" stoßen.

treten mit anderen modernen Auffassungen von „Freiheit", die strafrechtliche Verantwortlichkeit tragen sollen. Ich denke hier an all diejenigen Auffassungen, die inspiriert sind von den philosophischen und anthropologischen Schichtentheorien. Sehr anregend hat hier namentlich Nicolai Hartmann gewirkt, dessen Analysen zum Problem der Willensfreiheit in seiner großen Ethik von 1926 zweifellos zum Tiefsten und Besten gehören, was zum Thema „Willensfreiheit" in der jüngsten Vergangenheit ausgeführt worden ist. Wir können an dieser Analyse, auch wenn sie nicht unmittelbar der Strafrechtsphilosophie angehört, wegen ihres Einflusses auf eben diese Strafrechtsphilosophie nicht ganz vorübergehen. Jedoch würde ein ausführliches Referat über Hartmanns Gedankengänge den Rahmen unserer Ausführungen sprengen. Jeder, der sich für das Thema interessiert, wird sich der Mühe des eigenen Studiums unterziehen müssen[63]).

Es sei daher jetzt nur der zentrale Gedankenkomplex herausgehoben: Die Willensfreiheit, auf die es bei der moralischen und rechtlichen Verantwortung ankommt, und die nicht mit der bloßen „Handlungsfreiheit", d. h. der „Freiheit der Willensverwirklichung" verwechselt werden darf, bei der „ein Mensch t u n kann, was er will"[64]), ist keine Freiheit im negativen Sinne, kein Herausgenommensein aus dem psychischen und physischen Kausalnexus, sondern eine positive Freiheit, „ein Plus an Determination, welches in den Kausalmomenten nicht enthalten ist, eine Determination durch das Sittengesetz"[65]). Es gibt „zwei Schichten", „zwei Arten von Determination". Ist „die eine Schicht durchgehend kausal determiniert so bedarf es eben einer zweiten Schicht, um heterogene Determinanten aus ihr in den Kausalnexus hineinragen zu lassen"[66]). Diese zweite Schicht ist von anderer Art als die Schicht, in der sich die Kausaldetermination abspielt. Sie ist jedoch nicht die heute in der strafrechtlichen Dogmatik so viel diskutierte Schicht der finalen „Überdetermination". Denn im Bereich des Finalnexus ist das Geschehen durch Zwecke wiederum vollständig determiniert:

---

[63]) Eine kurz gefaßte Darstellung der Hauptgedanken findet man übrigens in Nicolai Hartmanns „Einführung in die Philosophie", einer Vorlesungsnachschrift vom Sommersemester 1949, 3. Aufl., 1954, S. 179 ff.
[64]) Ethik, S. 581
[65]) a. a. O. S. 594
[66]) a. a. O. S. 593

„Vom Zweck aus sind die Mittel rückwärts determiniert"[67]).
Die Schicht der positiven Freiheit ist vielmehr die Schicht des
Sollens, der Forderungen, die von den Werten ausgehen, nämlich
der auf Realisierung dieser Werte gerichteten Forderungen[68]).
Aber sittliche Freiheit bedeutet noch mehr als diese positive
Freiheit, sich durch Sollensforderungen ansprechen zu lassen. Sie
bedeutet auch Freiheit gegenüber dem sittlichen Prinzip selbst.
Denn: „Nur das Wertentsprechen eines freien Wesens, das gerade
den Werten gegenüber ‚auch anders kann', ist Sittlichkeit"[69]).
„Der Wille, der nicht mehr anders kann als das Gute wählen, ist
nicht mehr sittlicher Wille."[70])

„Freiheit ist nur möglich zum Guten und zum Bösen", eine
Freiheit, die offenbar wieder einen negativen Zug aufweist[71]).

Daß diese doppelte Freiheit existiert: die positive Freiheit,
sich durch Sollensforderungen bestimmen zu lassen, und die dann
doch wieder negative Freiheit, sich auch wieder nicht durch
Sollensforderungen bestimmen zu lassen (was aber zu unterscheiden ist von der negativen Freiheit der Durchbrechung der
Kausalität), dafür sprechen nach Hartmann die ethischen Phänomene, nämlich das Bewußtsein der Selbstbestimmung, die Tatsache der Verantwortung und Zurechnung sowie das Schuldbewußtsein, ja sogar der Anspruch darauf, zur Verantwortung
gezogen zu werden[72]). Als „abschließendes Wort" glaubt Nicolai
Hartmann sagen zu dürfen: „Die Freiheit der sittlichen Person
ist erstens notwendig und zweitens ontologisch möglich. Das
erstere besagt, daß die Tatsachenkomplexe des sittlichen Lebens
nur unter ihrer Voraussetzung bestehen können; das letztere,
daß die ganze Reihe allgemeinerer und elementarerer Grundfragen ... nichts enthalten, was dieser vom ethischen Problem
geforderten Freiheit im Ernst widerspräche. Mehr läßt sich im
Freiheitsproblem nicht ausmachen ... Ein strenger ‚Beweis' der
Willensfreiheit läßt sich nicht führen"[73]).

---

[67]) a. a. O. S. 602
[68]) a. a. O. S. 594/95. Siehe auch S. 610, 624 Abs. 3
[69]) S. 628
[70]) a. a. O. S. 635
[71]) Einführung, S. 180/181
[72]) Ethik S. 652 ff., Einführung S. 182
[73]) a. a. O. S. 727

Soweit Nicolai Hartmann, dessen Gedankenreihe wenigstens insoweit dargestellt werden sollte, als es zum Verständnis gewisser strafrechtsphilosophicher Bemühungen der Gegenwart erforderlich ist. Am nächsten verwandt dürfte seiner Lehre sein die von E. Mezger, der in einem Sitzungsbericht der Bayer. Akademie der Wissenschaften vom Jahre 1947 „Über Willensfreiheit" dargelegt hat, daß neben der „Denkform der Kausalität", welche bloße Kategorie ist und nicht dazu geeignet, das Kausal p r i n z i p zu tragen[74]), als weitere Denkform die „Spontaneität" anzuerkennen ist[75]), ganz ebenso wie etwa im logischen Bereich der Denkform der Bejahung die der Verneinung zur Seite tritt. Freilich: so wenig wie die Kategorie der Kausalität die Allgemeingültigkeit ihrer Anwendbarkeit (also das Kausalprinzip) verbürgt, ebensowenig verbürgt das Vorhandensein der Kategorie der Spontaneität deren Anwendbarkeit in dem Bereich, auf den sie hinweist. Aber „tatsächlich erweist sich diese Kategorie der Spontaneität zur Erfassung der gegebenen Erscheinungen, im besonderen im Gebiet des Seelenlebens, als unentbehrlich". Jede menschliche „Person" ist in ihrer Sphäre „schöpferisch". Das seelische Leben besteht „aus intentionalen Akten". „In ihnen ist der ‚Sinn' . . . dynamisch gestaltendes Prinzip"[76]). Mezger vergleicht diese seine Anschauung mit der Lehre von Nicolai Hartmann und macht Bedenken gegen dessen „Schichtentheorie" geltend[77]), die durchaus beachtlich sind, aber hier nicht näher verfolgt werden können[78]).

[74]) hierzu a. a. O. S. 11: „Der Schluß von der bloßen Kategorie der Kausalität verbürgt noch nicht unbedingt deren Realität im Ablauf der Dinge".

[75]) a. a. O. S. 13. Mezger hätte sich hier auch auf Bergson berufen können. Siehe dessen mehrfach zitierte Schrift „Zeit und Freiheit" S. 171

[76]) a. a. O. S. 15

[77]) S. 21 ff., namentlich S. 22/23.

[78]) Nur so viel: Mezger sagt: „Es ist nicht einzusehen, wie sich die höheren Schichten der niederen ‚bedienen' und doch deren Gesetze völlig unberührt lassen können . . .". Vielleicht muß man sich von Nicolai Hartmann aus gesehen die Dinge so vorstellen, daß etwa die Gehirnprozesse, die bei einem Willensentschluß ablaufen, ihrerseits streng naturalistisch-kausal untereinander zusammenhängen, daß aber zugleich im geistigen Bereich als der höheren Schicht der Mensch sich unter das Sittengesetz gestellt sieht, dem er je nach der Art des Gebrauchs der „sittlichen Freiheit" folgt oder nicht folgt. Oder: Wenn man die Willensvorgänge rein psychologisch betrachtet, so mag eine Determination durch Motivation und insofern eine eigentümliche Determination vorliegen, aber darüber erhebt sich immer

Aber wenn man sich die eigenen Formulierungen Mezgers betrachtet, so wird doch der Einfluß Hartmanns bemerkbar und vor allen Dingen die enge Verwandtschaft der Grundkonzeption. Wenn Mezger sagt: Das Seelenleben ist intentional auf Werte gerichtet, es ist „überall durchsetzt von intentionalen, wertgerichteten Erlebnissen und Akten", es schließt damit „notwendig das ‚Schöpferische‘, ‚Spontane‘ ... ‚Nicht-Erklärbare‘ in sich ein", daher gewinnen wir „Zugang zu ihm nur mit einer der Kausalität gegenüber neuen und besonderen kategorialen Denkform"[79]), eben vermittels der Kategorie der „Spontaneität", so schildert er mit etwas anderen Begriffen doch nur das, was Nicolai Hartmann mit seiner „positiven Freiheit", die den Wesensgehalt der sittlichen Freiheit ausmachen sollen, meint. Der Grundgedanke ist bei Mezger wie bei Hartmann der, daß im Bereich des Seelenlebens mit der kausalen Betrachtung, wonach sich alles Geschehen auf Grund von Gesetzen der Notwendigkeit aus seinen Antezedentien erklären läßt, kein Auslangen zu finden ist. Daß nun an die Stelle der Überdetermination in einer höheren Schicht die Spontaneität als der Kausalität gleichberechtigte Kategorie tritt, mag gewisse Schwierigkeiten, die mit Hartmanns Vorstellung verknüpft sind, beheben, berührt jedoch nicht die Substanz. Und wenn Mezger am Ende seiner Ausführungen seiner Denkform der Spontaneität nachrühmt, daß nur auf Grund ihrer „Verständnis" der seelischen Vorgänge, wie sie auch dem Verbrechen zugrunde liegen, möglich sei, so darf doch der Zweifel angemeldet werden, ob ein derartiges Verständnis, auch wenn es, wie Mezger durchaus mit Recht betont, den auf Werte und Zwecke gerichteten Intentionen der Erlebnisse und Akte nachgehen muß, abhängig ist von dem Einsatz der Kategorie der Spontaneität. Seelisches Geschehen kann auf Werte und Zwecke gerichtet sein und doch motiviert sein und in diesem Sinne determiniert also verursacht durch voraufgehende seelische Vorgänge. Wenn Mezger sagt: „Der Kausalkategorie fehlt das ‚Verständnis‘ für den inneren Gehalt des Seelischen. Wir können dieses nicht als bloßen Auto-

---

noch der geistig-ethische Willensakt als Verwirklichung der Forderung des Sittengesetzes. Das ist jeweils eine neue Art der Betrachtung, und zwar eine solche, bei der nun die Freiheit mehr und mehr in Sicht kommt. Sicher aber hat Mezger recht, daß hier noch ungelöste Schwierigkeiten vorliegen.

[79]) a. a. O. S. 27

maten, der ‚zufällig' Werte schafft, erkennen", so verengt er den Begriff der Kausalität auf eine Art der Verursachung, die solche Elemente wie „mechanisch" und „blinder Zufall" in sich birgt, was terminologisch nicht gerechtfertigt ist. Insofern scheint mir die Position von Nicolai Hartmann sogar die bessere zu sein, als er die sittliche Freiheit nicht zur Motivation und Determination in Gegensatz stellt, sondern jene mit dieser zu vereinbaren trachtet.

Als Ertrag der Mezger'schen Darlegungen möchte ich immerhin festhalten, daß es möglich ist, jenseits von Determinismus und Indeterminismus im seelischen Bereich und somit auch im Bereich des verbrecherischen Geschehens Abläufe zu beobachten, die einen eigentümlichen Charakter haben, indem sie intentional auf Werte und Zwecke gerichtet sind, wobei übrigens auch das „Wertwidrige", wie es beim Verbrechen in die Tat umgesetzt wird, vom Verbrecher her gesehen als auf Werte und Zwecke gerichtet aufgefaßt werden muß[80]).

Will man dieses „schöpferische" Geschehen als „spontan" und in diesem Sine sogar als „frei" bezeichnen, so ist dagegen vielleicht terminologisch nichts einzuwenden. Man muß sich nur dessen bewußt sein, daß diese „Freiheit" keine Durchbrechung des seelischen Determinationszusammenhangs und somit auch keine Durchbrechung des Kausalprinzips in sich zu schließen braucht.

Die Bemerkung, daß das verbrecherische Verhalten, auch wenn es als „wertwidrig" beurteilt wird, nach Mezger doch auch als intentional und auf Verwirklichung von Werten gerichtet aufgefaßt werden muß, genauer als auf Verwirklichung von Zielen, die dem Verbrecher selbst als wertvoll erscheinen, kann allerdings den Ansatz zu weiterer Kritik abgeben. Man könnte nämlich sagen, daß das verbrecherische Verhalten gerade dadurch gekennzeichnet ist, daß der Verbrecher nicht das auch von ihm als gut Erkannte tut, sondern daß er das von ihm als böse Erkannte tut, und zwar gedrängt durch Affekte, Triebe, Leidenschaften,

---

[80]) vgl. dazu jetzt Hilde Kaufmann, Juristenzeitung 1962, S. 198, unter Bezugnahme auf Lersch: „Jedem Antrieb wohnt das Streben nach irgendwelchen Werten inne, und seien es auch so niedere wie Lustgewinn, Befriedigung, Bequemlichkeit usw. . . . So angesehen, ist kein Antrieb wertwidrig . . . Wertwidrig wird der Antrieb dadurch, daß er die Verletzung anderer, höherer Werte einbezieht".

daß er es also gerade versäumt, spontan zu werden, sich vielmehr der Determination gleichsam in die Arme wirft. Gerade indem wir diesen Wurzeln des Verbrechens im Triebleben, im emotionalen Bereich nachgehen, „verstehen" wir es. Und indem wir es aus dieser Art von „Motivation" heraus verstehen, erklären wir es zugleich „kausal".

Damit stehen wir bei der Position, die Welzel bezogen hat, und zwar schon vor Mezger ausführlich in seinem Aufsatz „Persönlichkeit und Schuld" in der Zeitschrift für die ges. Strafrechtswissenschaft Bd. 60, 1941, S. 428 ff., insbes. S. 448 ff. und danach in seinem Lehrbuch des Strafrechts[81]). Ich werde mich hier in erster Linie an die Darstellung Welzels in der letzten (7.) Auflage seines Lehrbuches halten. Welzel vertritt hier zunächst im Einklang mit der von mir an Graf Dohna geübten Kritik den Standpunkt, daß der Schuldvorwurf voraussetze, daß nicht nur „irgendein Mensch an Stelle des Täters, sondern ganz konkret, daß d i e s e r Mensch in d i e s e r Situation seinen Willensentschluß normgemäß hätte bilden können"[82]). Die anthropologische und charakterologische Betrachtung des Menschen, wie sie in neuerer Zeit durchgeführt worden ist, belehrt uns nun aber

---

[81]) Wie mir scheinen will, schließt sich in der Gegenwart insbesondere Richard Lange an Welzel (aber auch an Mezger) an. Siehe Schweizerische Zeitschrift f. Strafrecht 70, 1955, S. 389/90 (zur „Schuld" daselbst S. 394). Vgl. aber auch Würtenberger, Die geistige Situation der deutschen Strafrechtswissenschaft, 2. Aufl., 1959, S. 26/27, 43, und Hilde Kaufmann, Juristenzeitung 1962, S. 198.
Wie für jede bedeutsame Ansicht in unserer Frage lassen sich auch für die jetzt in Rede stehende der Substanz nach klassische Vorläufer namhaft machen. Schon der bekannte G. E. Schulze (der sog. „Änisidemus"-Schulze [1761—1833]) hat ausweislich des Eisler'schen Wörterbuchs der philosophischen Begriffe Bd. 3, 1930, S. 671 den Standpunkt vertreten, eigentlich sei „nur der Entschluß zu einer guten Tat Äußerung der Willensfreiheit". Über Herbart berichtet Simmel a. a. O. S. 144, daß nach jenes Ansicht derjenige frei sei, dessen Wille seiner sittlichen Einsicht konform sei. Diese sittliche Einsicht empfinde man als das eigentliche Selbst, während die Begierden, die von äußeren Umständen erregt sind, als Fremdes empfunden werden. Aber auch Simmels eigene Darlegungen auf S. 147, 166 ff. (sehr fein namentlich S. 167/68), 218, 271 ff., 278 können hier herangezogen werden. Ferner hat Bruno Bauch die Freiheit des Willens als „Freiheit zu Sinn und Wert" gedeutet. S. dazu näher Zschimmer, Beiträge zur Philosophie des deutschen Idealismus II, S. 18 (vgl. weiter das. S. 26/27). Aus neuester Zeit noch bemerkenswert: H. Pichler, Die Willensfreiheit als Gabe und Aufgabe, Ztschr. f. Philosoph. Forschung, X, 1956, S. 352 ff.

[82]) Lehrbuch, 7. Aufl., 1960, S. 125

darüber, daß es die Eigentümlichkeit des Menschen ist, „die Richtigkeit seines Handelns durch einsichtige Akte selbst aufzufinden und herzustellen", seine „Daseinsgestaltung" geistig zu vollziehen in Bindung „an die Kriterien des Wahren, des Sinnes und des Wertes"[83]), die aus der „Tiefenschicht" stammenden Antriebe, Affekte, Begehrungen, Neigungen, Interessen nach „Sinn und Wert" zu steuern. Wie bei Nicolai Hartmann finden wir auch hier mehrere, und zwar tiefere und höhere Schichten, wenn auch ein besonderes Verhältnis der Schichten zueinander: die Tiefenschicht fördert bestimmte Antriebe zutage, die ihrerseits von der höheren Schicht des Sinnes und der Werte her gesteuert werden. Angesichts dieser eigentümlichen menschlichen Struktur kann dann das „Freiheitsproblem" so formuliert werden: „Wie ist dem Menschen die Überformung des kausalen Zwanges durch sinngeleitete Steuerung möglich, durch die er allein dafür verantwortlich gemacht werden kann, daß er die falsche anstelle der richtigen Entscheidung getroffen hat"?[84]). Die Antwort, die Welzel auf diese Frage gibt, kann am besten umschrieben werden durch das Goethewort: „Von der Gewalt, die alle Wesen bindet, befreit der Mensch sich, der sich überwindet!" Denn Freiheit als „Überformung des kausalen Zwanges" ist nur dadurch möglich, daß der Mensch sich „vom blinden, sinnindifferenten kausalen Zwang" befreien und zu „sinngemäßer Selbstbestimmung" erheben kann. Sie ist nicht, wie der Indeterminismus sagt, Freiheit, anders handeln zu können, also bald sinnmäßig, bald sinnwidrig. Ungeachtet der Anlehnung an Nicolai Hartmanns Überformungsgedanken teilt Welzel nicht dessen Ansicht, daß Freiheit soviel wie Freiheit zum Guten wie zum Bösen, also Freiheit gegenüber dem sittlichen Prinzip bedeutet. Vielmehr besteht Freiheit nach Welzel nur da, wo der Mensch dem sittlichen Prinzip folgt, wo er sich mit seinem Handeln unter Sinn und Wert stellt. Mit Welzels eigenen Worten: „Solange das Wertwidrige den Menschen bestimmt, determiniert es ihn in der Form des kausalen Dranges (als Zorn, Neid, Habsucht, Mißgunst, Besitzgier, Sexualtrieb usf.). und solange hat auch der Akt der Freiheit noch gar nicht eingesetzt. Böser Wille ist kausale Abhängigkeit vom wertwidrigen Antrieb und insofern unfreier

---

[83]) a. a. O. S. 126
[84]) a. a. O. S. 128

Wille. Freiheit ist kein Zustand, sondern ein Akt: Der Akt der Befreiung vom kausalen Zwang der Antriebe zu sinnmäßiger Selbstbestimmung"[85]). In der so verstandenen Freiheit ist dann auch die strafrechtliche „Schuld" fundiert. Denn sie ist nichts anderes als „das Ausbleiben der sinngemäßen Selbstbestimmung bei einem Subjekt, das dieser Selbstbestimmung mächtig ist. Sie ist nicht sinnmäßige Entscheidung zugunsten des Schlechten, sondern das Verhaftet- und Abhängigbleiben, das Sichtreibenlassen von wertwidrigen Antrieben"[86]).

Soweit Welzel! So ansprechend diese Gedankengänge sind, so sehr sie insbesondere, wie wir noch sehen werden, harmonieren mit dem was uns „unser Freiheitsgefühl" sagt, das sich nämlich gerade dann einzustellen pflegt, wenn wir uns für das Gute gegen schlimme Triebe entschieden haben, so lassen sich doch eine Reihe von Einwendungen gegen sie erheben, die, wie ich aus einem Zitat von Hilde Kaufmann a.a.O. schließe, zum Teil auch von Naß schon erhoben worden sind:

1. Es ist fraglich, ob das letztlich ontologische Problem der Freiheit mit dem axiologischen Problem des Wertvollen und Wertwidrigen verquickt werden darf. Immerhin läßt sich sagen: Auf die objektive Wertwidrigkeit kommt es im Zusammenhang mit dem Freiheitsproblem allerdings nicht an, daher auch nicht auf die Problematik der Objektivität der Werte. Wo der Mensch seinen Antrieben im Aufblick zu dem widerstrebt, was e r für wertvoll erachtet, mag er sich mit Recht frei fühlen. Dort aber, wo der „Verbrecher" sein Verhalten selbst als wertwidrig erkennt und empfindet, jedoch dem Ansturm seiner Triebe und Affekte erliegt, mag in der

---

[85]) a. a. O. S. 130

[86]) a. a. O. S. 130/31. Siehe auch ZStrW Bd. 60 (1941) S. 454 ff. (daselbst heißt es auf S. 456: „Schuld ist das Verfehlen der Sollensforderung des Rechts infolge unzulänglichen Einsatzes der Ichkontrolle in eine pathische Anlage". Im Hinblick auf dieses „Sichtreibenlassen von wertwidrigen Antrieben" beim Verbrecher hält jetzt Hilde Kaufmann a. a. O. Kriminologie als Wissenschaft für möglich, weil eben die Anlage- und Umweltfaktoren „Antriebserlebnisse auslösen, die zur deliktischen Handlung führen, falls sich der Mensch nicht durch den Akt der Selbstbestimmung gemäß der Rechtsordnung von ihnen befreit". Auch wenn Anlage und Umwelt nicht „notwendigerweise bei einem Menschen ein Verbrechen auslösen müssen", so sind sie doch dann ursächlich, wenn sie das Verbrechen auslösen, und damit „die legitimen Gegenstände kriminologischer Forschung".

Tat im Sinne Welzels die Freiheit der „sinnmäßigen Selbstbestimmung" ausbleiben und die kausale Determination
offenbar werden.

2. Aber darf man denn nun wirklich diese „sinnmäßige Selbstbestimmung" als „Freiheit" kennzeichnen? Ist sie denn nicht
ungeachtet des sich hier einstellenden Freiheitsgefühls doch
auch wieder nur eine Art von Motiviert- und Determiniertwerden so, wie dies auch das Motiviert- und Determiniertwerden aus der Tiefenschicht her ist. Auch wenn ich mich an
Werten orientiere, werde ich doch durch die V o r s t e l l u n g
des Wertes und die G e f ü h l e , die sie mir erweckt, motiviert und insofern determiniert. „Die steuernde Persönlichkeitssphäre ist selbst ein mehr oder weniger differenziert
strukturiertes psychisches Feld, das der persönlichen Gesin-
nungs- und Wertwelt, die geprägt wurde von den individuellen Anlagen, ihrer besonderen biographischen Geschichte
und auch vom leiblichen, insbesondere Gehirn-Schicksal"[87]).
Wenn ich die „sinngemäße Selbstbestimmung" als eine
„Art des Determiniertwerdens" bezeichne, so möchte ich damit zum Ausdruck bringen, daß die Eigenart dieses Determiniertwerdens nicht in Frage gestellt werden soll. Schon
oben wurde auf die „mehrfache Wurzel" des Satzes vom
zureichenden Grunde hingewiesen. Natürlich ist das Determiniertwerden durch Wertgedanken und Wertgefühle nicht auf
eine Stufe zu stellen mit dem „Zwang fixer Ideen von Para-
noikern" (obwohl vielleicht diese fixen Ideen gerade auch
dem Wertbereich angehören!). Und natürlich darf man nicht
die „kausale Gebundenheit", zu der auch die Determination
durch Motivation gehört, verwechseln mit der „zwingenden
Kraft, die der Einsicht in sachliche . . . Gehalte innewohnt".
Einer „Uniformierung des seelischen Geschehens" soll also so
wenig Vorschub geleistet werden wie einem „Kausalmonis-
mus". Es geht nur um die Frage, ob das Determiniertwerden
durch Wertgedanken nicht auch einen Fall von „Kausaldeter-
minismus" darstellt derart, daß der von einem bestimmten
Wertgedanken bei seinem Handeln Geleitete in der konkreten
Situation „nicht anders handeln konnte". Diese Frage wird
m. E. nicht beantwortet mit dem Hinweis darauf, daß „der

---

[87]) So Haddenbrock a. a. O. S. 148/49

Einsatz aktiver Steuerungsakte in das pathische Getrieben-
werden ... den Einsatz einer neuartigen Determinations-
weise bedeutet[88]). Selbstverständlich bedarf dann das Phänomen einer Erklärung, daß wir in einem Falle (bei Determiniertwerden des geistig Gesunden durch Wertvorstellungen)
Verantwortung eintreten lassen, im anderen Falle (beim
Paranoiker) nicht. Darüber später noch ein Wort!

3. Andererseits braucht der verbrecherische Wille nicht nur und
nicht immer durch Antriebe und Begehrungen bestimmt zu
sein. Das Verbrechen kann ganz und gar auf „sinnmäßiger"
Steuerung beruhen. So namentlich beim Überzeugungsver-
brecher[89]). Aber auch derjenige, der sich selbst betrügt und
sich Werte vorgaukelt, um auf diese Weise die Befriedigung
seiner Begehrungen vor sich selbst zu maskieren und zu rechtfertigen[90]), orientiert sich psychologisch gesehen an Werten.
Handelt er nunmehr unter dem Einfluß seiner Triebe oder
mehr auf Grund sinnmäßiger Selbstbestimmung? Ist es überhaupt statthaft, das Problem der Willensfreiheit quantitativ
zu behandeln?

4. Das stärkste Bedenken gegen die Theorie Welzels scheint mir
aber dies zu sein, daß sich die Freiheit als sinngemäße Selbstbestimmung zwar bei der verdienstlichen Handlung einstellt,
aber gerade bei der schuldhaften Handlung ausbleibt, bei der
wir die Freiheit als Grundlage des Schuldvorwurfs besonders
benötigen. „Böser Wille ist kausale Abhängigkeit von wert-
widrigem Antrieb und insofern unfreier Wille", sagt Welzel.
Böser Wille ist schuldhafter Wille. Schuldhafter Wille ist
dann also unfreier Wille[91]).

---

[88]) Dies alles zu Welzel, ZStW 60, S. 450/51. Anm. 45 und S. 456. Welzel
selbst spricht ja S. 450 von einer „determinierten Freiheit, determiniert
aber nicht durch blinde Ursachen, sondern durch sinnvolle Gesichtspunkte".
Gegen diese Formulierung wäre von mir aus nichts einzuwenden. Wohl
aber hätte ich wieder Bedenken gegen die Formulierung auf S. 452: „Der
Einsatz der Spontaneität muß selbst spontan vollzogen werden können".

[89]) Ebenso auch Maurach, Allgem. Teil, 1954, S. 376/77

[90]) Ich denke hier z. B. an den Fall, daß ein eifersüchtiger Ehegatte das
Briefgeheimnis des anderen Ehegatten verletzt und die sich dagegen
meldenden Bedenken ausräumt mit der Überlegung, er wolle sich nicht
um seine Ehre bringen lassen.

[91]) So ist es kein Zufall, daß die kriminologische Ursachenforschung ihr
volles Recht behält, wie dies Hilde Kaufmann a. a. O. betont!

5. Welzel scheint übrigens diese Schwierigkeit selbst zu empfinden, wenn er anschließend an früher zitierte Ausführungen sagt: „Schuld ist das Ausbleiben der sinngemäßen Selbstbestimmung bei einem Subjekt, das dieser Sinnbestimmung m ä c h t i g ist". Hier verlagert sich offenbar die Freiheit von der Selbstbestimmung weg nach der Fähigkeit zur Selbstbestimmung hin, also vom A k t der Selbstbestimmung zu einem Z u s t a n d , der der eigentliche Traggrund des Schuldvorwurfes ist. Ohne diese Mächtigkeit könnte offenbar der ausbleibende Akt der Selbstbefreiung nicht zur Schuld zugerechnet werden. Die strafrechtlich relevante Freiheit ist m.a.W.: Freiheit zur Freiheit, d. h. die Fähigkeit zur Selbstbestimmung! Müssen wir Welzel so verstehen, dann müssen wir sagen, daß er sich nun doch auch wieder Nicolai Hartmanns Ansicht nähert, daß sittliche Freiheit die Freiheit bedeutet, „zwischen Sinn und Widersinn, zwischen Wert und Unwert wählen zu können". So will mir scheinen, daß auch Welzels feinsinnige Betrachtung ebenso wie die Mezgers nicht hinausführt über die Position, die schon Hartmann errungen hat, die aber nach dessen eigenem Eingeständnis einen Erdenrest ungelöster Problematik zurückläßt.

Sehen wir recht, so kommen wir nach allem Bisherigen nicht hinaus über ein „non liquet" in der Freiheitsfrage. Wir müssen eingestehen, daß die wichtigsten neueren Versuche, die Freiheit als Voraussetzung strafrechtlicher Verantwortlichkeit — sagen wir einmal vorsichtig: — ontologisch glaubhaft zu machen, doch nur eine „semiplena probatio" geliefert haben. Denn immer wieder stießen wir auf die Erscheinung, daß die Freiheit, die dem Verbrechen zugrunde liegen soll, sich als eine besondere Art von Determination auffassen läßt, was dann dem Determinismus recht gibt. Nicolai Hartmann betont denn auch das Zusammenbestehen seiner Ansicht mit einem gewissen Determinismus, ein Weitergelten der Gesetze der „niederen Schicht" in der höheren. Mezger konnte nicht beweisen, daß das Verständnis des seelischen Geschehens nur auf Grund einer der Kausalität widerstreitenden Spontaneität möglich ist, und Welzel schließlich läßt gerade das Verbrechen doch letztlich kausal bestimmt sein!

Es erhebt sich an dieser Stelle die Frage, ob wir als Juristen vielleicht mit juristischen Kategorien über die problematische

Situation Herr werden können. Als eine Gewaltlösung freilich will es mir scheinen, wenn Kelsen unser Problem damit lösen will, daß er erklärt: „Daß der einer Moral- oder Rechtsordnung unterworfene Mensch ‚frei‘ ist, bedeutet, daß er Endpunkt einer nur auf Grund dieser normativen Ordnung möglichen Zurechnung ist "[92]). Oder: „Dem Menschen wird nicht darum zugerechnet, weil er frei ist, sondern der Mensch ist frei, weil ihm zugerechnet wird"[93]). Im Grunde ist und bleibt Kelsen Determinist und geht der tieferen Problematik nur dadurch aus dem Wege, daß er wie sonst so auch hier das Recht von jeglicher materialen Basis loslöst und ganz auf sich selbst stellt. Eben dies ist ja ein Teil seiner Reinheitsforderung, einer Forderung, die Bereiche des Seins und des Sollens, der ontologischen und der normativen Ordnung zu trennen. Als Naturwesen gesehen ist der Mensch unfrei, als normatives Subjekt, als Person ist er Zurechnungsendpunkt und in diesem Sinne frei. Diese Lösung kann mir persönlich so wenig zusagen wie die Lehre vom intelligiblen Charakter als Träger der Freiheit, mit der sie augenscheinlich verwandte Züge besitzt.

Eine andere juristische Gedankenoperation bedient sich des rechtlichen Begriffes der Beweislast: Wenn wir weder beweisen können, daß der Mensch frei ist, noch beweisen können, daß der Mensch unfrei ist, so fragen wir, wer denn nun die Beweislast trägt. Muß ich die Freiheit beweisen, um verantwortlich zu machen, oder spricht nicht die ganze im Menschenwesen festverwurzelte Tradition gewissermaßen „prima facie" für die Freiheit, spricht nicht das Freiheitsbewußtsein für die Freiheit, spricht nicht das Schuldbewußtsein für die Freiheit, so daß wir sagen dürfen: Die sich auf diese und andere bekannte Phänomene stützende Vermutung der Freiheit ist so stark, daß derjenige beweispflichtig ist, der die Freiheit leugnet? Sogar Nicolai Hartmann greift am Ende zum Begriff der „Beweislast" und erklärt: „Der ethischen Skepsis bleibt nach wie vor die Tür offen ... Aber gerade hier wäre philosophischer Pessimismus unberechtigt ... Ihr (sc. der Skepsis) fällt die Beweislast zu, sie müßte den Schein erklären, wo sie das Sein bestreitet; denn sie ist es, die den Kampf

---

[92]) Kelsen, Reine Rechtslehre, 2. Aufl., 1960, S. 97
[93]) a. a. O. S. 102

gegen das Gewicht der Phänomene auf sich nimmt"[94]). Nun muß ich gestehen, daß ich es — übrigens mit anderen Schriftstellern[95]) — für fragwürdig halte, in solchen theoretischen Fragen wie dem der Willensfreiheit mit dem Begriff der „Beweislast" zu operieren, so interessant es an sich sein mag, daß juristische Kategorien in die tiefsten philosophischen Gedankenzusammenhänge eingebracht werden, wie ja z. B. auch Kant an entscheidender Stelle in der Kritik der reinen Vernunft mit der Unterscheidung von quaestio facti und quaestio juris aufwartet[96]). Aber wenn wir schon den Begriff der Beweislast bei unserem besonderen Thema einsetzen wollen, so liegt m. E. nichts näher als zu sagen: Beweisbelastet ist der Indeterminismus. Denn abgesehen davon, daß man gemäß dem Kausalprinzip die „Vermutung" zugunsten des Determinismus ansetzen könnte, so müssen wir, wenn wir gegen den Täter eines Verbrechens einen Vorwurf erheben wollen, doch die Berechtigung dieses Vorwurfs beweisen. Beruft sich der Verbrecher darauf, er habe nicht anders handeln können, als er gehandelt hat — und im Sinne des Verbrechers wird ja dieser Einwand durch den Determinismus geltend gemacht —, so ist es Sache desjenigen, der den Vorwurf aufrechterhalten will, die Voraussetzung des Vorwurfs als gegeben darzutun, also das Andershandelnkönnen nachzuweisen.

So wenig wie mit dem Begriff der Beweislast werden wir aber auch zum Ziel gelangen mit jener Replik gegen den Determinismus, die diesen gewissermaßen mit seinen eigenen Waffen schlagen möchte und die wohl auch in Verbindung gebracht werden kann mit einem spezifisch juristischen Prinzip, nämlich dem Grundsatz, daß jeder das gegen sich gelten lassen muß, was er selbst für sich in Anspruch nimmt. Beruft sich aber der Verbrecher darauf, er habe sich nicht anders verhalten können, als er sich verhalten hat, so könnte man ihm nämlich seitens der Strafverfolgungsbehörde entgegenhalten: der Staat könne nun auch nicht anders handeln und müsse ihn, den Verbrecher, strafen. Diese

---

[94]) Ethik, S. 728 Abs. 2
[95]) Mezger a. a. O. S. 23: „Es gibt in wissenschaftlichen Fragen keine Beweislastverteilung", Arnold Brecht, Politische Theorie, 1961, S. 568/69
[96]) Kritik der reinen Vernunft: Von der Deduktion der reinen Verstandesbegriffe, 1. Abschnitt: „Von den Prinzipien einer transzendentalen Deduktion überhaupt".

Replik überzeugt schon deshalb nicht, weil auf der Basis des Determinismus, auf der ja hier verhandelt wird, der die Strafverfolgung betreibende Staat „prima facie" im Unrecht ist, wenn er den so problematischen Schuldvorwurf erhebt, sich daher seinerseits gegen den Vorwurf der „Ungerechtigkeit" nicht dadurch schützen kann, daß er zu seinem eigenen Unrecht determiniert sei. Ähnlich hat Robert v. Hippel der unserer Replik verwandten Formel M. E. Mayers, die Menschheit sei zum Indeterminismus determiniert[97]), entgegengehalten: „Die Annahme, daß der Mensch nach Ansichten, die er selbst als falsch erkennt, dennoch handeln müßte, ist psychologisch derart merkwürdig, daß sie zwingendsten Beweises bedürfte"[98]).

Wir blicken zurück. Sehen wir von den letzten Überlegungen ab, die schließlich in Gedankenspielereien auszuarten drohten, so stießen wir bei unserem Überblick über die bedeutsamsten Interpretationen der die strafrechtliche Verantwortung rechtfertigenden Willensfreiheit immer wieder auf die Antinomie, daß nach traditioneller Lehre der Schuldvorwurf voraussetzt die Feststellung, daß der Täter hätte anders handeln können als er gehandelt hat, daß aber auf der anderen Seite weder die Erkenntnisse der modernen Physik noch die Lehren von Mezger und Welzel, so ansprechend sie sein mögen, uns über den Zweifel hinwegtragen konnten, daß wie jedes Handeln so auch die verbrecherische Tat durch Charakter und Umstände determiniert ist. Gegen die Dohna'sche Formel, daß das ominöse „Andershandelnkönnen" nichts weiter besage, als daß ein besser Gearteter anders als der Täter gehandelt hätte, war ins Feld zu führen, daß ein Schuldvorwurf gegen den Täter nur dann haltbar zu sein scheint, wenn der konkrete Täter, so wie er nun einmal als Individualität vor dem Richter steht, anders hätte handeln können als er gehandelt hat. Die darum auf eben diese Individualität zugeschnittene eigene Deutung des Andershandelnkönnens (der Täter hätte seiner persönlichen Anlage nach in der konkreten Situation anders gehandelt bei Anwendung derjenigen Willenskraft oder Besorgnis, deren Mangel ihm zum Vorwurf gereicht) läßt, wie schon angedeutet, auch noch den Stachel zurück, daß

---

[97]) M. E. Mayer, Der allgemeine Teil des deutschen Strafrechts, 1915, S. 451

[98]) zit. nach M. E. Mayer selbst S. 451

nun der zur Schuld gereichende Mangel an Willenskraft usw.
auch wieder in der Persönlichkeit wurzelt und durch sie determiniert ist. Wie kann man jemand für etwas verantwortlich
machen, wofür er „nichts kann", nämlich für seine entweder angeborene oder durch die Umstände geprägte Persönlichkeit? Angesichts dieser Sachlage bleiben u. E. nur zwei Wege offen, um
mit unserem Problem zu Rande zu kommen: Entweder Rückkehr
zur klassischen Lehre von der Willensfreiheit (die noch mancherlei Spielarten aufweisen mag) oder Versöhnung unserer Schuld-
begriffe mit der deterministischen Lehre. Den ersten Weg wollen
wir hier nicht weiter verfolgen, weil bei ihm ja das Problem als
gelöst erscheint. Stellt man sich z. B. auf den Standpunkt Arthur
Wegners, der in seinem 1951 erschienenen Lehrbuch des Strafrechts entschlossen die These vom „liberum arbitrium" in ihrer
ungebrochenen Ursprünglichkeit wieder hat aufleben lassen und
sich solche Wendungen zu eigen gemacht hat wie die Jarckes
(1801—1852), wonach der Mensch von Gott auf den Scheideweg
gestellt ist, entweder der Stimme seines Gewissens oder der
Stimme der Versuchung zu folgen, und wonach „auf dieser
Fähigkeit des Menschen, das eine zu tun oder das andere, seine
Verantwortlichkeit vor Gott und den Menschen, sein Verdienst
und seine Schuld, und die Möglichkeit von Tugend und Laster,
von Lohn und Strafe beruht"[99]), so ist natürlich alles in guter
Ordnung[100]). Verharrt man dieser Lehre gegenüber in Skepsis, so
bleibt die Aufgabe bestehen, den anderen Weg zu beschreiten[101])
und nach einer Aussöhnung von Determinismus und Verantwortung Ausschau zu halten, wobei der Determinismus nicht einmal
als feststehende Wahrheit zugrunde zu legen wäre, sondern nur
hypothetisch anzuerkennen wäre, um zu prüfen, ob und in wel-

---

[99]) Wegner a. a. O. S. 79

[100]) Allerdings wird manchmal erklärt, daß bei der „absoluten" Freiheit
des liberum arbitrium Verantwortung und Zurechnung schlechthin unmöglich seien; s. z. B. Simmel a. a. O. S. 210/11 (vielleicht beeinflußt durch
Schopenhauer, Freiheit des Willens, Werke (Ausgabe Grisebach) Bd. III,
S. 434/35). Umso eher müßte dann nach einer Klärung der Verantwortung
auf deterministischer Grundlage getrachtet werden!

[101]) Vielleicht möchte mancher noch an einen dritten Weg glauben, z. B.
den der Aufstellung des Postulats „du kannst, denn du sollst!" Aber darin
sehe ich nur eine Spielart des Indeterminismus, m. E. allerdings eine frag-
würdige Spielart, da hier die Verantwortung auf die Freiheit und die
Freiheit auf die Verantwortung gegründet wird, was einen Zirkel ergibt.
Vgl. auch Nowakowski, Rittler-Festschrift, S. 62

chem Sinne strafrechtliche Verantwortung weiter bestehen kann
für den Fall, daß er (der Determinismus) zu Recht bestünde. Gelangen wir auf diesem zweiten Weg zu einem befriedigenden
Ergebnis, so läßt sich wenigstens sagen, daß einerlei, ob der
Indeterminismus oder der Determinismus die Grundlage bildet,
die strafrechtliche Verantwortung verständlich und gerechtfertigt ist. Damit wäre dann die schon von v. Liszt und anderen[102]) angestrebte Behandlung des Problems „jenseits von Indeterminismus und Determinismus" zustande gebracht.

Stoßen wir also nun auf dem zweiten Weg vor und besinnen
wir uns noch einmal darauf, daß die eigentliche Aporie nach
dem bisher Ausgeführten darin liegt, daß auch das individuali-
sierend gedeutete „Andershandelnkönnen" schließlich auf den
Charakter des Täters als die Wurzel mangelnder Willenskraft
und mangelnder Besorgnis zurückführt, so erscheint als nächst-
liegend die Lehre, daß Verantwortung nichts anderes bedeutet
als unter Absehen von einem spezifischen Schuldvorwurf jemand
den staatlichen Zwangsmaßregeln zu unterwerfen um des Schutzes der Gesellschaft willen. Das ist der Weg, auf den die sog.
moderne Schule im Strafrecht eingebogen ist und auf der sich
heute i m a l l g e m e i n e n auch die Lehre von der „défense
sociale" bewegt[103]). Sehr prägnant hat Ulrich Klug am Ende
seiner im Jahre 1938 angestellten Untersuchung über den
„heutigen Stand des Willensfreiheitsproblems" gesagt[104]): „Weil
die Sühnetheorie auf der nicht verifizierbaren Annahme der Willensfreiheit beruht", hat „an die Stelle der Sühnetheorie die
Schutzstrafentheorie zu treten". In noch jüngerer Gegenwart
scheint mir — wenn auch mit Maßen — Nowakowski in seiner

---

[102]) S. z. B. Simmel a. a. O. S. 212 Abs. 2: „Es bleibt nichts übrig, als die
Verantwortung, wenn wir sie überhaupt beibehalten wollen, auf eine andere
Basis als auf die unhaltbare einer Bejahung oder Verneinung der Freiheit zu
stellen". Im Vergleich zu dieser Formulierung geht es bei der folgenden Ausführung weniger um die Findung einer völlig neuen Basis als vielmehr um
die Verantwortlichkeit auf j e d e r Basis!

[103]) Allerdings haben jetzt Peter Noll, Die ethische Begründung der
Strafe, 1962, S. 13 Anm. 26, und Hilde Kaufmann, Juristenzeitung 1962,
S. 195/96 darauf aufmerksam gemacht, daß es innerhalb dieser Schule
der „défense sociale" auch Vertreter einer konservativen Richtung, ja
sogar eines "liberum arbitrium" gibt. Aber gewiß finden wir in jenem
Lager doch in erster Linie überzeugte Deterministen. Nur sie interessieren
jetzt im Text.

[104]) a. a. O. S. 108

Untersuchung über „Freiheit, Schuld, Verantwortung" in der Rittler-Festschrift auf diesen Standpunkt zuzukommen. Er sagt: Während „die Vergeltung verlangt, daß man die Wahlfreiheit unterstellt", ist die Zweckstrafe von dem Vorhandensein einer solchen Freiheit unabhängig: „Die spezial- und die generalpräventiven Bedürfnisse sind unabhängig davon, ob die Willensakte in freier Wahl oder determiniert zustandekommen ... Für die Zweckstrafe ist es also gleichgültig, ob sich der Täter auch anders entscheiden konnte, als er es getan hat ... Scheidet die Vergeltung aus dem Strafrecht aus, so kann sich der Kriminalist im Streit um die Willensfreiheit wirklich ganz und gar neutral erklären"[105]). Das tut denn auch Nowakowski. Denn auch er steht auf dem Standpunkt, daß ein wissenschaftlicher Beweis über Willensfreiheit oder Willensunfreiheit nicht zu führen ist[106]).

Daß damit der Unterschied zwischen Strafe im herkömmlichen Sinne und Sicherung im Sinne des Maßnahmenrechtes in Gefahr gerät, ist evident. Wir sehen daher einen so scharfsinnigen Kriminalisten wie Nowakowski bemüht, ungeachtet seiner These, daß die Strafe als Zweck- und Schutzstrafe aufgefaßt werden müsse, sie doch von den bloßen Sicherungsmaßregeln begrifflich zu unterscheiden. Die Strafe ist „ein Maßnahme eigener Art". „Sie ist immer Übelszufügung auf Grund eines belastenden Unwertes"[107]). „Bei der Strafe ist der Übelscharakter erstrebt, sie soll dadurch wirken, daß sie als Übel empfunden wird. Bei der Maßnahme ist man bemüht, daß sie möglichst wenig als Übel empfunden werde"[108]). Dagegen liegt nach Nowakowski nicht das Moment der Vergeltung im Wesen der Strafe beschlossen. Man darf auch nicht sagen, daß allein die Strafe gerecht sein will, während die Maßnahme nur auf Zweckmäßigkeit bedacht sei. Denn auch die Strafe will zweckmäßig und auch die Maßnahme muß gerecht sein. Auch den Begriff der „Schuld" glaubt Nowakowski beibehalten zu dürfen, freilich nicht als sittliche Schuld, sondern als rechtliche Schuld. Diese rechtliche Schuld

---

[105]) a. a. O. S. 64

[106]) Auf eine Rechtsvermutung der Freiheit lasse sich die Vergeltung schlecht gründen. Sie habe darum ein „schlechtes Gewissen" (a. a. O. S. 61/62). Daher sei vorzuziehen eine Auffassung von der Strafe, die von der Willensfreiheit absieht.

[107]) a. a. O. S. 77

[108]) a. a. O. S. 77/8

bedeutet, daß „die Willensbestimmung wertwidrig war, daß der Täter seinen Willen nicht so bestimmt hat, wie es ein ‚maßgerechter Mensch‘ getan hätte“[109]). Verzichtet wird nur auf den zusätzlichen Vorwurf, daß der Täter sich auch anders hätte verhalten können. Damit ist aber nicht der Unterschied ethischer und andersartiger Bewertung preisgegeben. „Böswilligkeit“ ist ein Unwert eigenen Sinngehalts, der von anderen Unwerten wie Häßlichkeit, Dummheit, Ungeschicklichkeit, Krankhaftigkeit wohl zu unterscheiden ist[110]). Darum ist auch die Unterscheidung zwischen Zurechnungsfähigkeit und Zurechnungsunfähigkeit mit den ihr entsprechenden Konsequenzen sinnvoll[111]). „Das Spezifische der Strafe — ihr Übelscharakter und dessen besondere Appellwirkung — käme beim Zurechnungsunfähigen kaum zur Geltung.“ „Wir betrachten den Kranken als einen vom Schicksal Geschlagenen.“ Es geht lediglich um die Verschiedenheit in der Behandlung von Übeltätern, die geistig gesund sind, und solchen, die es nicht sind[112]).

Mit diesen Aufstellungen, von denen uns einzelne im folgenden noch interessieren werden, stellt Nowakowski einen Übergang her von denjenigen Anhängern des Zweckstrafgedankens, für die in der Tat der Unterschied zwischen Strafe und Sicherung jeden Sinn verloren hat, und denjenigen Schriftstellern, die uns nunmehr noch beschäftigen sollen und denen ich mich selbst zugeselle[113]), die nach dem Vorbilde Merkels und seiner Anhänger auf (wenigstens hypothetisch angenommener) deterministischer Basis Schuld, Verantwortung und Strafe mit ihrem spezifischen Gewicht zum Zuge kommen lassen wollen, indem sie Vorwurf, Einstehenmüssen und Bestrafung an den Charakter des Täters anknüpfen, aus dem die verbrecherische Tat geflossen ist.

Übrigens hat auch diese jetzt in ihren modernen Vertretern darzustellende Lehre eine würdige Ahnenreihe aufzuweisen. Denn schon zu Beginn des abendländischen Philosophierens hören

[109]) a. a. O. S. 71
[110]) a. a. O. S. 72
[111]) Dazu näher S. 72 ff.
[112]) a. a. O. S. 76/77
[113]) Vgl. meine Rezensionsabhandlung „Zur Idee der Täterschuld“ in ZStW 61, S. 166 ff. (insbes. S. 171 ff.), später dann meine Abhandlung in ZStW 66, S. 339 ff. (insbes. S. 359 ff.).

wir Heraklit sagen: „ˈΉϑος ἀνϑρώπῳ δαίμων"[114]). Auch Luther hat unserer Lehre zugeneigt[115]). Goethe und Schiller stehen ihr nahe. Goethe spricht von der „Courage", das zu sein, wozu einem die Natur gemacht hat[116]). Und Schiller verkündet: „Adel ist auch in der sittlichen Welt. Gemeine Naturen zahlen mit dem was sie tun, edle, mit dem was sie sind"[117]). Unter den deutschen Idealisten hat sie Schopenhauer vertreten, auf den wir gleich noch zurückgreifen werden. Was aber unsere „Gegenwart" betrifft, so dürfen Graf zu Dohna, Seelig[118]), Heinitz[119]) als dieser Denkrichtung zugehörig angesehen werden. Unter den rechtsphilosophisch orientierten Zivilisten dürfte Coing ihr zum mindesten nahestehen[120]).

Was insbesondere Graf zu Dohna betrifft, so wurde oben sein Gedankengang nur zur Hälfte dargestellt, in der Mitte abgebrochen. Wir wollen ihn jetzt weiter verfolgen. Im Anschluß an seine mehrfach erwähnte These, daß die Behauptung, der Täter habe anders handeln können, als er gehandelt hat, in Wahrheit nur besage, daß ein anderer an Stelle des Täters hätte richtig handeln können (der Täter selbst konnte gerade nicht anders handeln!), wirft Dohna die Frage auf: „Wie kommen wir dann aber dazu, den Täter dennoch verantwortlich zu machen?" Er gibt die Antwort: Es ist „ein Grundgesetz des sozialen Daseins, daß Jedermann einzustehen hat für das, was er tut, insoweit es Ausfluß ist seiner Persönlichkeit, daß dem Menschen entgolten wird, was er i s t , im guten wie im bösen".

Heinitz a. a. O. sagt fast wörtlich ebenso: „Man steht im

---

[114]) Diels, Fragmente der Vorsokratiker, Fragment Heraklit Nr. 119. Diels übersetzt: „Dem Menschen ist seine Eigenart sein Dämon".

[115]) Nach Thielicke, Universitas Bd. 16, 1961, S. 8/9. Luthers zentrale These von der Rechtfertigung allein durch die Gnade ruht auf der Voraussetzung, daß der Mensch an seinem Sosein nichts ändern kann, daß das Wollen aus dem Sein folgt: "Hinc fit, quod . . . velit, cupiat, faciat taliter, qualis ipse est".

[116]) Zu Eckermann am 12. März 1828. Ich verdanke den Hinweis darauf dem Buche von Heinrich End, Existentielle Handlungen im Strafrecht, 1959, S. 25

[117]) Votivtafeln „Unterschied der Stände".

[118]) Siehe diesen zuletzt in „Schuld, Lüge, Sexualität", 1955, S. 40 ff., 74 ff.

[119]) Siehe diesen zuletzt in ZStW 63, S. 57 ff.

[120]) Coing, Bemerkungen zum Problem der sogenannten Willensfreiheit, Emge-Festschrift 1960, S. 3 ff.

Leben ein für das, was man ist, ohne Rücksicht darauf, durch welche vielfältigen Gründe dies geworden ist". Coing läßt sich unter Anknüpfung an Simmel, Bergson und H. Kuhn folgendermaßen vernehmen: „Die Schuld besteht nicht in falschem Gebrauch von unbeschränkter Wahlfreiheit; die Schuld ist, daß meine Person einer Handlung fähig ist ... Die Reue ist nicht das Erschrecken über eine einzelne Wahlentscheidung, sondern das Erschrecken darüber, daß ich so bin." „Schuld ist dementsprechend das Versagen der Person ... vor den Forderungen des Gewissens ... Sie hat ihre Grundlage darin, daß ich schlecht bin."

Wie schon bemerkt, ist es unter den Klassikern der Philosophie vornehmlich Schopenhauer gewesen, der diese Gedanken verfochten hat. Wegen der Eindrücklichkeit seiner Formulierungen möchte ich ihn hier auch ein wenig zu Worte kommen lassen. In seiner Abhandlung über die Freiheit des Willens stoßen wir zuletzt auch auf den Begriff der „Verantwortlichkeit", die uns als subjektives Gefühl der Verantwortlichkeit wie auch als objektives Aufladen von Verantwortung entgegentritt. Das G e f ü h l der Verantwortlichkeit beruht „auf der unerschütterlichen Gewißheit, daß wir selbst die Täter unserer Taten sind" Kein Verbrecher denkt daran, „die Schuld von sich auf die Motive (sc. die zur Tat reizenden Umstände) zu wälzen", sondern er sieht ein, daß „unter der Einwirkung der Motive, die ihn bestimmt haben, doch eine ganz andere Handlung ... sehr wohl möglich war und hätte geschehen können, wenn nur Er ein anderer gewesen wäre: hieran allein hat es gelegen ... Die Verantwortlichkeit, deren er sich bewußt ist, trifft daher bloß zunächst und ostensibel die Tat, im Grunde aber seinen Charakter: für diesen fühlt er sich verantwortlich".

Dementsprechend machen auch die anderen den Täter für seinen Charakter verantwortlich, „indem ihr Urteil sogleich die Tat verläßt, um die Eigenschaften des Täters festzustellen: ‚er ist ein Spitzbube' — oder ‚er ist eine kleine, falsche, niederträchtige Seele', — so lautet ihr Urteil, und auf seinen Charakter laufen ihre Vorwürfe zurück. Die Tat, nebst dem Motiv, kommt dabei bloß als Zeugnis vom Charakter des Täters in Betracht, gilt aber als sicheres Symptom desselben, wodurch er unwiderruflich und auf immer festgestellt ist". (Danach erklärt es sich auch leicht, daß wir nur auf Grund wirklich begangener Taten einen Menschen strafen, also nicht auf Grund irgendwelcher Vermutungen über seine persönliche Beschaffenheit; „nur unsere Taten halten uns den Spiegel unseres Willens vor"[121])). „Also nicht auf die vorübergehende Tat, sondern auf die bleibenden Eigenschaften des Täters, d. h. des Charakters, aus welchem sie hervorgegangen, wirft sich der Haß, der Abscheu und die Verachtung. Daher sind in allen Sprachen die Epitheta moralischer Schlechtigkeit ... vielmehr Prädikate des Menschen als der Handlung. Dem Charakter werden sie angehängt: denn dieser hat die Schuld zu tragen, deren er auf Anlaß der Taten bloß überführt worden"[122]). Immer wieder beruft sich Schopenhauer auf das „operari sequitur esse" der Scholastiker[123]). Und immer wieder deutet er Reue und Gewissensangst als Phänomene, die den Gedanken der Charakterschuld als richtig aufweisen. Reue stellt sich dort ein, wo ich „durch falsche Begriffe geleitet, etwas anderes tat, als meinem Willen gemäß war", d. h. etwas anderes tat, als meinem „Charakter" entsprach. („So kann ich z. B. egoistischer gehandelt haben, als meinem Charakter gemäß ist, irregeführt durch übertriebene Vorstellungen von der Not, in der ich selbst war, oder auch von der List, Falschheit, Bosheit anderer, oder auch dadurch, daß ich übereilt, d. h. ohne Überlegung handelte"[124])). Reue ist im Grunde „berichtigte Erkenntnis" und darum viel oberflächlicher als die Gewissensnot. Denn diese, die nach Schopenhauer von der Reue wohl zu unterscheiden ist, belehrt uns zu unserem eigenen Erschrecken über die Schlechtigkeit unseres Charakters. „Gewissensangst über das Begangene ist nichts weniger als Reue, sondern Schmerz über die Erkenntnis seiner selbst an sich, d. h. als Wille. Sie beruht gerade auf der Gewißheit, daß man den selben Willen noch immer hat"[125]).

121) Die Welt als Wille und Vorstellung, Bd. I, § 55 (Ausgabe Grisebach S. 390).
122) Freiheit des Willens, Werke (Ausgabe Grisebach) Bd. III, S. 472/73. Siehe ferner „Über die Grundlage der Moral", daselbst § 20 (S. 637 f.) sowie Parerga und Paralepomena Bd. II § 118 (Ausgabe Grisebach S. 243).
123) Freiheit des Willens a. a. O. S. 475 ff., ferner „Über die Grundlage der Moral", ebenda S. 558 ff. u. S. 638, „Welt als Wille und Vorstellung" Bd. II Kap. 25 (Ausgabe Grisebach S. 376) und Kap. 43 a. E. (Ausgabe Grisebach S. 622/23).
124) Welt als Wille und Vorstellung I, § 55 (Ausg. Grisebach S. 385 f.), desgl. Bd. II Kap. 47 (Ausg. Grisebach S. 698 f.)
125) Welt als Wille und Vorstellung, Bd. I § 55 (Ausg. Grisebach S. 386), Freiheit des Willens (a. a. O. S. 474, Grundlage der Moral, § 20 (a. a. O. S. 638).

„Jede Tat nämlich begleitet das Gewissen mit dem Kommentar ‚du könntest auch anders handeln', — obwohl dessen wahrer Sinn ist: ‚du könntest auch ein anderer sein' "[126]). Sehr schön führt zu diesen Lehren Schopenhauers Georg Simmel aus: „Gegenüber den oberflächlichen Vorstellungen, mit denen wir unsere Verantwortungsgefühle zu deuten pflegen, erscheint mir Schopenhauers Meinung als unvergleichlich tiefer: daß die Vorwürfe des Gewissens zwar unmittelbar das betreffen, was wir getan haben, im Grunde aber das, was wir sind. In der Tat: das eigentlich Bohrende des Gewissensvorwurfs ... das betrifft gar nicht die Tat selbst, den einzelnen Willensakt ..., sondern betrifft das ganz Elementare und Radikale: daß wir eben jemand sind, der so etwas tut, daß unser Sein so ist, wie es dieser Tat entspricht"[127]).

Soweit also Schopenhauer als Klassiker der Lehre von der „Charakterschuld" bzw. „Persönlichkeitsschuld", der auch ich beitreten möchte! Freilich ist es mit der Berufung auf eine so oft angefochtene Autorität wie Schopenhauer eine ist, gewiß nicht getan. Es stellt sich immer wieder die Frage ein, mit welchem Recht wir denn jemandem seinen Charakter, sein „Sosein" ankreiden, obwohl er doch eigentlich „nichts dafür kann", daß er der ist, der er ist. Stoßen wir hier nicht auf das Paradoxon einer unverschuldeten Schuld? Geben wir nicht das Eigentümliche ethischer Bewertung preis? Und was soll eigentlich unter dem „Charakter" verstanden werden, dem Schuld und Verdienst zugeschrieben werden sollen? Ist er nicht eine qualitas occulta? An diese Grundfragen schließen sich dann noch weitere Fragen an, wie die nach der Vereinbarkeit unserer Auffassung mit dem „Freiheitsbewußtsein", nach dem Sinn der Strafe auf dieser Grundlage, nach der Deutung der einzelnen Schuldelemente (insbesondere der Zurechnungsfähigkeit). Diesem ganzen Komplex eng miteinander verknüpfter Fragen müssen wir am Ende noch die gebührende Aufmerksamkeit schenken.

---

[126]) Parerga Kap. VIII § 118 (a. a. O. S. 241).
[127]) Georg Simmel, Schopenhauer und Nietzsche, 2. Aufl., 1920, S. 179. Diese Stelle habe ich schon in meiner Rezension von Bockelmanns „Studien zum Täterstrafrecht" in ZStW 61, S. 173 zitiert und dort noch weitere gleichgesinnte philosophische Schriftsteller namhaft gemacht. An diese Reihe könnte man wohl auch noch Jaspers anschließen, wozu End, Existentielle Handlungen im Strafrecht, S. 25.

Was zunächst die Grundfrage betrifft, so schiebt sie Graf zu
Dohna etwas kühl beiseite: „Mit dieser Art sozialer Gerechtigkeit gilt es sich abzufinden". Die Verantwortlichkeit für den
Charakter ist für ihn ein ethisches Phänomen, über das wir nicht
hinausfragen dürfen. Schopenhauer dagegen glaubte hier im
Anschluß an Kant eine tiefer liegende Rechtfertigung der Verantwortlichkeit darbieten zu können: Der empirische Charakter,
der sich in der Zeit in einzelnen Handlungen und Unterlassungen
enfaltet, ist nur die „Erscheinung" des freien intelligiblen Charakters, der im tiefsten Grunde die Verantwortung zu tragen
hat. Wir haften für unser Sosein, weil wir metaphysisch gesehen
kraft einer freien grundlosen Entscheidung so sein wollen wie
wir sind. „Hier äußert sich die wahre Freiheit des Willens, die
ihm zukommt, sofern er das Ding an sich ist, welches aber eben
als solches grundlos ist, d. h. kein Warum kennt"[128]). Ohne diese
metaphysische Annahme wäre auch für Schopenhauer der Gedanke der Charakterschuld nicht verständlich, nicht erträglich:
„Unter der entgegengesetzten Voraussetzung fiele ... alle Verantwortlichkeit weg, und die moralische wie die physische Welt
wäre eine bloße Maschine ..."[129]).

Da wir nach dem eingangs Gesagten dergleichen metaphysische
Spekulationen nicht veranstalten wollen, müssen wir uns nach
anderen, im empirischen Bereich gelegenen Begründungen um-
sehen.

Da stoßen wir z. B. auf den Gedanken einer diesseitigen
Lebensführungs- oder Lebensentscheidungsschuld, auf die wir
den mißratenen Charakter zurückführen. Schon Kohler und
Binding[130]) haben — von älteren ganz zu schweigen[131]) — die
„Möglichkeit, an dem eigenen Charakter zu arbeiten" betont. So
sagt Binding: Der Charakter „ist uns nicht verliehen, sondern
unter Benutzung mancherlei einerseits vererbten, andererseits von
außen gebotenen, im einen wie im anderen Falle noch ganz
gestaltlosen Materials ... unter Anwendung eigenster Seelen-

---

[128]) Welt als Wille und Vorstellung Bd. II Kap. 43 a. E. (Ausgabe Grisebach S. 623).
[129]) Parerga Bd. II § 118 a. E. (Ausg. Grisebach S. 244).
[130]) Kohler, Moderne Rechtsprobleme, 1907, S. 30, Binding Normen II 1,
2. Aufl., 1914, S. 23/24
[131]) s. das Aristoteles-Zitat bei Welzel, ZStW 60, S. 259

kräfte geschaffen. Er ist unser Werk". Es ist bekannt, wie dann in neuerer Zeit Mezger und Bockelmann diese Deutung der Charakterschuld in Sonderheit zur Stützung der eigentümlichen Bestrafung des Gewohnheitsverbrechers nach § 20a StGB verwendet haben. Welzel und Lange berufen sich auf die Erkenntnisse der modernen Persönlichkeitsforschung: es gibt den „erworbenen Charakter" als die „durch selbstvollzogene Entscheidungen einverleibte und ins Unbewußte eingegangene ‚Ordnung von Haltungen und Führungsregeln' ", als „das Ergebnis früherer Handlungen wie determinative Grundlage weiterer Handlungen"[132]). „Die Persönlichkeit ist nicht lediglich das Produkt von Anlage und Milieuprägung, sondern ist Produkt dessen, was sie selbst aus ihrer Anlage und ihren Milieuprägungen macht"[133]). Ohne leugnen zu wollen, daß es ein Arbeiten am eigenen Charakter gibt und daß wir einen Schuldvorwurf gerne eben darauf gründen, daß jemand sich nicht in Zucht genommen hat, geben wir doch zu bedenken, daß hier der Tugendstolz des Juristen und des Gelehrten die Feder führt, daß die Anlage zur Ausbildung des Charakters, zur Überwindung eines schlimmen und gefährlichen Hanges ihrerseits angeboren ist und nicht selten fehlt, ohne daß darum schon der strafrechtliche Vorwurf entfiele[134]).

Entscheidend ist für mich, daß mit einer solchen Zurückführung der Charakterschuld auf Lebensführung, Lebensentscheidung und dergl. die Idee der Charakterschuld selbst wieder preisgegeben ist: die Charakterschuld wird hier auf T a t schuld gegründet, zu deren Erklärung sie doch erst angenommen wurde; der die einzelne Tat treffende Vorwurf sollte vom (hypothetisch zugrundegelegten) deterministischen Standpunkt aus durch die Tat hindurch dem Charakter als der eigentlichen Wurzel der

---

[132]) Welzel a. a. O. S. 458

[133]) Lange, Schweizerische Zeitschrift f. Strafrecht Bd. 70, 1955, S. 389

[134]) Kritisch zur Lebensführungsschuld z. B. auch Nowakowski a. a. O. S. 69 und die dort Genannten. Speziell zu Bockelmanns Lebensentscheidungsschuld s. meine Rezensionsabhandlung in ZStW Bd. 61, S. 170 ff. Vgl. zum Text jetzt ferner Haddenbrock, Der Nervenarzt, Bd. 32, 1961, S. 149 li.: „die steuernde Persönlichkeitssphäre ist selbst ein mehr oder weniger differenziert strukturiertes psychisches Feld, das der persönlichen Gesinnungs- und Wertwelt, die geprägt wurde von den individuellen Anlagen, ihrer besonderen biographischen Geschichte und auch vom leiblichen, insbesondere Gehirn-Schicksal".

Tat gelten; nun wird der Mensch wieder ü b e r seinen Charakter
statt u n t e r seinen Charakter gestellt.

Vielleicht müssen wir hier allerdings zunächst einmal klären,
in welchem Sinne der Begriff des Charakters selbst angesetzt ist,
wenn von Charakterschuld die Rede sein soll. Auch in diesem
Punkte müssen wir uns Beschränkung auferlegen und darauf
verzichten, in die moderne Charakterologie einzudringen. Es ist
aber auch nicht nötig, den Strukturanalysen nachzugehen, die
die neuere Charakterforschung vorgenommen hat[135]). Es genügt
zu sagen, welcher B e g r i f f von Charakter der Idee der Charakterschuld zugrunde liegt. Danach wird sich auch sagen lassen,
ob dieser Begriff brauchbar ist und in unserer Frage weiterführen
kann. Lersch, auf den sich auch Welzel in seinen Studien über
Persönlichkeit und Schuld bezieht, definiert den Charakter als
„das ganzheitliche Gefüge von Erlebnisformen (Dispositionen),
die als relativ beharrende Eigenschaften der Wirklichkeit eines
Menschen als eines seelischen Wesens ein begrifflich bestimm-
bares Gepräge verleihen"[136]). Oder Vetter sagt in einem jüngst
erschienenen Beitrag zu dem theologischen Wörterbuch „Die
Religion in Geschichte und Gegenwart": „Charakter" ist die
„Geprägtheit des persönlichen Wesens in leiblicher, seelischer und
geistiger Beziehung ... und schließt sowohl ererbte Anlagen als
auch erworbene Haltungen und Eigenschaften ein"[137]).

Beiden Definitionen, denen sich mühelose weitere ähnliche zur
Seite stellen ließen, ist gemeinsam, daß sie im Charakter eine
Geprägtheit der Person sehen, durch die diese mit gewissen
Dispositionen, Anlagen, Eigenschaften ausgestattet ist, wobei es
zunächst ganz unerheblich ist, ob diese Dispositionen angeboren
oder erworben, unabänderlich oder modifizierbar sind. Das Verhältnis dieses Charakters zu den einzelnen Handlungen ist ohne
wissenschaftliches Vorurteil so zu deuten, daß die einzelnen
Handlungen mit dem Charakter innerlich zusammenhängen, sich
aus dem Charakter erklären lassen. Es mag offen bleiben, ob hier
eine Zwangsläufigkeit obwaltet, ob also der Charakter in Verbindung mit den Umweltgegebenheiten mit absoluter Notwen-

---

135) In dieser Beziehung sei nochmals auf Welzel, ZStW 60, S. 428 ff. ver-
wiesen.
136) Der Aufbau des Charakters, 3. Aufl., 1948, S. 22
137) a. a. O. 3. Aufl. Bd. I, 1957, Art. „Charakterologie".

digkeit zu dem betreffenden Verhalten führen mußte. Nach Hilde Kaufmann, der ich hier gern folge, genügt es für die kriminologische Ursachenforschung, daß wir den kriminogenen Faktoren nachspüren, die im Einzelfalle wirksam geworden sind, ohne Rücksicht darauf, ob sie „notwendigerweise bei einem Menschen ein Verbrechen auslösen müssen"[138]). Was uns freilich nicht genügen würde, wäre die Auffassung, daß der Charakter nur ein „Name" oder — mit Kelsen zu reden: — ein formaler „Zurechnungspunkt" ist für die Wiederkehr gleichartiger Verhaltensweisen bei einem Menschen. Die Lehre von der Charakterschuld sieht im Charakter eine — wenn auch nicht offen zutage liegende, sondern aus einzelnen Verhaltensweisen erschlossene, sich übrigens auch im Körperbau, im Habitus, in der Physiognomie, in willkürlichen und unwillkürlichen Ausdrucksbewegungen bekundende — R e a l i t ä t. Ansonsten hätte es keinen Sinn, den Vorwurf über die einzelnen Handlungen und Unterlassungen hinaus auf den Charakter selbst zu verlagern.

Allerdings erhebt sich jetzt die Frage, was mit dieser Verlagerung des Vorwurfs nach dem Charakter hin gewonnen ist. Diese Frage ist umso mehr berechtigt, als ja keiner der hier ins Feld geführten Vertreter der Lehre von der Charakterschuld daran denkt, die verbrecherische Persönlichkeit unabhängig von ihren einzelnen Taten zu bestrafen. Nur der sich in einzelnen Taten manifestierende Charakter trägt strafrechtliche Verantwortung, man kann sogar hinzufügen, daß er auch nur i n s o w e i t strafrechtliche Verantwortung trägt, als er sich in einzelnen Taten niederschlägt und bekundet. Warum lassen wir es also nicht bewenden bei der Vergeltung dieser Taten selbst, sondern machen den Charakter zum Träger der Verantwortung? Bei Behandlung dieser Frage müssen wir zunächst daran erinnern, daß wir nun einmal den Determinismus hypothetisch zum Ausgang dieser unserer Betrachtung genommen haben. Für den Indeterministen ist wirklich der einzelne freie Willensakt der selbstverständliche Ansatzpunkt für die strafrechtliche Reaktion. Der Determinist kann dagegen nicht anders als den Ursachen der Tat nachgehen. Er stößt dabei auf „Anlage" und „Umweltbedingungen". Fragen wir weiter, wieso das Strafrecht dazu kommt, sich nur um die Anlage zu bekümmern und sich nicht etwa zu einem allgemeinen

---

[138]) Juristenzeitung 1962, S. 198 unter III.

Verbrechensbekämpfungsrecht auszuweiten, das gleichermaßen den äußeren (sozialen und anderen) Verbrechensursachen zuleibe rückt wie der Anlage, dem Charakter, so kann die Antwort auf diese Frage nur lauten: weil das Strafrecht als Recht des Strafens die höchst spezifische Aufgabe hat, sich mit denjenigen Maßnahmen zur Bekämpfung des Verbrechens zu befassen, die traditionell bis zur Gegenwart hin die besondere Wesensart der Strafe haben, wobei die Lehre von der Charakterschuld diese Wesensart als eine solche ansieht, die mit dem Charakter in einer besonderen Korrelation steht. Durch die Strafe ist nämlich der Charakter ansprechbar. Es geht hier nicht nur um die triviale Erkenntnis, daß die Strafe nicht die Tat, sondern den Täter trifft, der die Strafe zu erleiden hat. Der Täter wird auch durch die Strafe genötigt, sich innerlich, d. h. in seinem Charakter mit ihr auseinanderzusetzen. Mag man mit Schopenhauer der Meinung sein, daß der Mensch im tiefsten Grunde seiner Persönlichkeit nicht zu beeinflussen ist, oder mag man der Meinung sein, die ich selbst für die richtige halte, daß die Charakteranlagen immer einen Spielraum für Ausbildung oder auch für Verkümmerung aufweisen, — so oder so reagiert der Charakter auf die Strafe (auf die angedrohte oder verhängte oder vollzogene Strafe) gemäß seiner und gemäß ihrer Wesenseigentümlichkeit. Dem angeborenen wie dem erworbenen Charakter liefert die Strafe bestimmungsgemäß Motive, sich den Normen der Rechtsordnung zu fügen. Es können und sollen Charakteranlagen gestärkt oder wenigstens angesprochen und angeregt werden, die der Normbefolgung günstig sind, und es können und sollen Charakteranlagen in Schranken gehalten werden, die zu Verstößen gegen die Norm anreizen. Nimmt ein Täter im Bewußtsein dessen, daß er für sich und seine Tat einzustehen hat, eine Strafe einsichtig auf sich, ist er zur „Sühne" bereit, so dürfen wir in Zukunft ein rechtstreues Verhalten erwarten. Freilich kann es auch geschehen, daß eine ungeschickt angewendete Strafe solche Charakteranlagen aktualisiert, die für die Rechtsordnung gefährlich sind.

Natürlich rühren wir nunmehr an das „Wesen" der Strafe und können doch nicht den Pelion auf den Ossa wälzen und von der Theorie der Willensfreiheit überwechseln zur Theorie der Strafe, die in letzter Zeit erneut lebhaft diskutiert worden ist, wobei insbesondere die Übelsnatur und der Sühnecharakter der Strafe sowie das Verhältnis von Sühne und Vergeltung zum Problem geworden sind. Für unsere Zwecke genügt die Feststellung, daß die „Strafe" solange ihren Wesensgehalt als „Strafe" bewahrt, als sie sich auf besondere Art und Weise von bloßer „Sicherung" unterscheidet, als sie Begriffselemente aufweist, die der Sicherung fehlen, mag man diese Begriffselemente nun in der Übelsnatur oder in dem Mißbilligungscharakter, in der „Vergeltung" oder in der „Sühnung von Schuld" erblicken[139]).

Der Gedanke der Verantwortlichkeit für Charakterschuld durch die Pflicht zur Erduldung dieser spezifischen Reaktion, die

[139]) Der V e r g e l t u n g s charakter der Strafe wird z. B. bestritten von Nowakowski (s. dazu schon oben). Die Ü b e l s natur der Strafe wird in Frage gestellt von Richard Lange, Grundfragen der deutschen Strafrechtsreform, Schweizerische Ztschr. f. Strafrecht 70, 1955, S. 382/83 („Die Strafe ist ihrem Wesen nach kein Übel", wie z. B. die Strafaussetzung zur Bewährung beweist), desgl. von Peter Noll, Die ethische Begründung der Strafe, 1962, S. 17 („Die Strafe ist zwar ein notwendiges Übel, aber nicht auch notwendig ein Übel"). Lange und Noll betonen aber übereinstimmend den V o r w u r f s -(Mißbilligungs-)Charakter der Strafe; auch die Strafaussetzung zur Bewährung enthält den Ausdruck der Mißbilligung (Lange S. 383). Die S ü h n e funktion wird heute oft hervorgehoben, aber dabei auch nicht minder oft betont, daß „Sühne" nicht gleichbedeutend mit „Vergeltung" ist. Siehe dazu z. B. außer Lange a. a. O. S. 377: Paul Bockelmann, Schuld und Sühne, 1957, sowie Bockelmann, Vom Sinn der Strafe, Heidelberger Jahrbücher V, 1961, S. 25 ff., W. Trillhaas, Zur Theologie der Strafe, Heidelberger Jahrbücher V, 1961, S. 40 ff., der die Verwechslung von Sühne und Vergeltung als „Zeichen von philosophischer Unkultur" ansieht (S. 47), P. Noll a. a. O. S. 8, S. Haddenbrock, Die Unbestimmtheitsrelation von Freiheit und Unfreiheit als methodologischer Grenzbegriff, Der Nervenarzt 32, 1961, S. 151. Mit Vorliebe wird dabei darauf hingewiesen, daß Sühne auch Versöhnung bewirkt. Kritisch zum Sühnegedanken: Eberhard Schmidt, ZStW 67, S. 33 ff. Wertvoll auch über die Funktion der Strafe R. Graßberger, Die Strafe, Österr. Juristenzeitung XVI, 1961, S. 169 ff. Hier wird die charakterbildende Bedeutung der recht bemessenen und recht angewandten Strafe offenbar gemacht und auch die erzieherische Funktion des Strafens für den zur Rechtschaffenheit Geneigten betont. Andererseits darf man nie die Gefahr einer verderblichen Einwirkung der Strafe aus den Augen verlieren, insbesondere die Gefahr, die der Aufenthalt im Milieu der Strafanstalt heraufbeschwört; „die Schlechtigkeit der anderen entschuldigt die eigene Verfehlung" (Graßberger a. a. O. S. 174 rechts). Das Gewissen schlägt nicht mehr, wenn man bemerkt, daß die anderen nicht besser sind als man selber ist. Überflüssig wohl auch zu bemerken, daß die charakterbildende Wirkung der Strafe nur sehr abstrakt in Rechnung gestellt werden kann. Wie weit ihr pädagogischer Effekt im konkreten Falle reicht, welcher Art er ist, ist unberechenbar. Das zeigt sich insbesondere auch bei verfehlten vorzeitigen Freilassungen scheinbar Gebesserter, die alsbald wieder rückfällig werden. Zur „Kriminalpädagogik" insgesamt jetzt das gleichnamige Buch von Karl Peters, 1960.

wir „Strafe" nennen, bedeutet dann die Idee der Vergeltung auf
deterministischer Grundlage, wie sie schon Merkel vorgeschwebt
hat. Die Charakterschuld wird ausgeglichen durch Auferlegung
und Übernahme einer besonders gearteten Einwirkung auf den
Charakter. Dies läßt sich auch in Einklang bringen mit jener
Interpretation der Formel vom „Andershandelnkönnen", die
oben angeboten wurde: Wenn der konkrete Täter in der konkreten Situation, in die er hineingestellt war, in dem Sinne anders
hätte handeln können, daß er seinen allgemeinen Anlagen entsprechend bei Anwendung der gebotenen Willenskraft und Besorgnis richtig hätte handeln können, so ist es sinnvoll, strafend
gegen ihn vorzugehen, sofern die Strafe irgend die Chance bietet,
auf seine Anlagen (evtl. zugleich auf die Anlage anderer Menschen, die in Gefahr sind zu entgleisen) steuernd einzuwirken.

Damit erledigt sich auch das oft erhobene und auch oben schon
erwähnte Bedenken, daß die Lehre von der Verantwortlichkeit
für Charakterschuld die Unterschiede zwischen einer ethischen
und einer ästhetischen Beurteilung verwische. Wenn etwa Al.
Wenzl[140]) sagt: „Der konsequente Determinist mag wohl auch
den Verlogenen und Grausamen häßlich finden wie den Ver-
wachsenen..., aber hassen, tadeln, verachten, strafen, verurtei-
len, verantwortlich machen kann er nicht", so darf sich die hier
vertretene Lehre die Replik zu eigen machen von Nowakowski[141]): „Der Unwert hat jeweils einen eigenen Sinngehalt".
Grausamkeit ist schon deshalb etwas anderes als Häßlichkeit,
auch wenn man für das eine so wenig etwas kann wie für das
andere, weil wir mit Vorwurf und Strafe der Grausamkeit sinnvoll begegnen können, während schon der bloße Hinweis auf
angeborene Häßlichkeit sinnlos und darum auch taktlos ist, während dann allerdings etwa die Kritik künstlerischer Leistungen
(für deren Qualität der Künstler in gewissem Sinn ja „auch
nichts kann" bzw. jeweils nur soviel kann, wie er eben kann)
wenigstens dadurch gerechtfertigt sein mag, daß sie eine „ge-
schmacksbildende" Funktion erfüllen kann (daher etwa § 193
StGB). Die Strafe hat persönlichkeits b i l d e n d e Kraft in den
Augen dessen, der einen e r w o r b e n e n Charakter für möglich
hält, und sie hat persönlichkeits a n s p r e c h e n d e Kraft in

---

[140]) Philosophie der Freiheit, 1947, S. 69
[141]) a. a. O. S. 72

den Augen dessen, der von der Unabänderlichkeit des Charakter-
kerns überzeugt ist.

Sicher wird man nun noch von uns erwarten, daß wir wenigstens die Vereinbarkeit der dargelegten Auffassung von Persönlichkeitsschuld und Strafe mit den unangefochtenen positivrecht-
lichen Merkmalen der Verantwortlichkeit für Schuld aufzeigen.
Läßt sich die Auffassung von der Charakterschuld in Einklang
bringen mit der Regelung der Zurechnungsfähigkeit, der Schuldformen (Vorsatz und Fahrlässigkeit), des Verbotsirrtums, der
„Zumutbarkeit" im geltenden und im geplanten Strafrecht?
Läßt sie sich in Einklang bringen mit der verschiedenen Bewertung und Behandlung von Gelegenheitsverbrecher und Gewohnheitsverbrecher?

Wiederum müssen wir uns bei Beantwortung dieser verschiedenen Fragen auf das ganz Grundsätzliche beschränken!

Schon einmal zitierten wir Simmels Lehre, daß wir, wenn wir
jemanden strafen, weil er „frei" war, d. h. „weil er auch hätte
anders wollen können", damit meinen, daß wir ihn strafen,
„wenn und weil die Möglichkeit vorhanden ist, daß er nach
erlittener Strafe anders handelt", was dann allerdings voraussetzt, daß in ihm „die Fähigkeit, die Spannkraft auch zu anderem
Handeln liegen" muß. Eben mit dieser letzteren Voraussetzung
stehen nun offenbar in engstem Zusammenhang die verschiedenen
Schuldelemente. Simmel selbst legt in dieser Beziehung dar[142],
daß ein Individuum dann zurechnungsfähig und überhaupt verantwortlich ist, „wenn die strafende Reaktion seiner Tat bei
ihm den Zweck der Strafe erreicht". „Den Wahnsinnigen bestrafen wir nicht für seine unheilvolle Tat, weil die Strafe keinen
Zweck hätte, ihn nicht vor ähnlichen Taten abhalten würde;
ebenso wenig denjenigen, der keine Einsicht in die Bedeutung
seines Tuns hatte, der nicht weiß, was er tut; denn einem intel-
lektuellen Mangel gegenüber würde Strafe nichts nützen. Den
sinnlos Betrunkenen, der ein Verbrechen begangen hat, als Verbrecher zu bestrafen, wäre deshalb sinnlos, weil keine Präsumtion
vorliegt, daß derselbe Mann im nüchternen Zustande sich der
gleichen Tat schuldig machen wird ... Ähnliches gilt von dem-
jenigen, der in einer Notlage ein Verbrechen begangen hat ...

---

[142] a. a. O. S. 213 ff.

Entsprechend rechtfertigt sich die Strafe der Fahrlässigkeit . . .".
Auf die gleiche Weise wie Simmel versucht dann auch Graf
Dohna[143]) die einzelnen Schuldelemente zu erklären: Strafdrohung und Strafvollstreckung sind „aussichtsvoll nur dort, wo
die Psyche des Einzelmenschen die generellen Merkmale
seiner Gattung an sich trägt" (daher das Erfordernis der Zurechnungsfähigkeit!) Oder: war sich der Täter dessen nicht bewußt,
was er tat, so machen wir ihn nur darum verantwortlich, weil wir
ihn zu stärkerer Willensanspannung erziehen wollen. Schließlich:
in den Fällen des Notstandes (§§ 52, 54 StGB) liegt der Grund
für die Verneinung der Verantwortung letztlich darin, daß „es
ein vergebliches Bemühen wäre, durch Strafdrohungen motivie-
ren zu wollen, wo die Leiden, die sie in Aussicht stellen könnten,
notwendigerweise verblassen müßten vor denen, die dem Täter
unmittelbar vor Augen stehen". Beziehen wir alle diese Gedankengänge noch einmal scharf auf die Lehre von der Charakterschuld und der Charakterverantwortlichkeit, so läßt sich im einzelnen folgendes sagen:

1. Legt man sich die Frage vor, warum wir nur den Zurech-
nungsfähigen strafen, da doch auch beim Zurechnungsunfähigen,
beim Kind, beim Geisteskranken, beim Trunkenen das Verhalten
A u s d r u c k d e r P e r s ö n l i c h k e i t zu sein scheint, so wäre
zu erwidern, daß entweder die Tat eben doch nicht Ausdruck
der Persönlichkeit ist, sondern etwa bloße Auswirkung einer
Krankheit[144]) oder einer Vergiftung (die natürlich ihrerseits nicht
wieder auf Grund einer Charakterschwäche, also nicht auf Grund
einer verschuldeten Trunkenheit eingetreten sein darf) oder —
soweit sich der Zusammenhang zwischen Persönlichkeit und
Handlungsweise auch beim Zurechnungsunfähigen nicht in Ab-
rede stellen läßt — Ausdruck einer solchen Persönlichkeit, die
sich nicht als geeignet erweist, durch die Strafe beeinflußt zu werden. Das letztere gilt insbesondere auch bei nichtverantwortlichen
Kindern und Jugendlichen (bei denen immerhin der Zusammenhang zwischen Tat und Persönlichkeit nicht zu bestreiten ist)
mit der Maßgabe, daß sich hier zum mindesten andere Reak-
tionen auf das kriminelle Verhalten als besser geeignet erweisen,

---

[143]) ZStW 66, S. 511/12
[144]) Kritisch zur Erkrankungstheorie allerdings Haddenbrock a. a. O.
S. 148

auf den Charakter einzuwirken so, daß kein Rückfall ins verbrecherische Tun erfolgt. Die Kriminalstrafe erscheint hier als
„kontraindiziert". Mit analogen Erwägungen ließe es sich dann
auch rechtfertigen, bei solchen Psychopathen, bei denen das
kriminelle Verhalten im Charakter wurzelt, dennoch statt mit
Strafe mit anderen Maßregeln vorzugehen, wiewohl wir ja
gerade bei den sogenannten „Psychopathen" in neuerer Zeit auf
dem Standpunkt stehen, daß man auch gegen sie mit ungemilderter Strafe vorgehen darf und soll, sofern sich dies als heilsam
erweist[145]).

Vielleicht wendet man hier ein, die Zurechnungsfähigkeit
büße nun die Natur der „Schuldfähigkeit" ein und würde zur
bloßen Straffähigkeit, was dann die weitere Konsequenz haben
könnte, daß es für die Feststellung der Zurechnungsfähigkeit
nicht, wie das positive Recht es verlangt, auf die Zeit der Tat,
sondern auf die Zeit der Bestrafung ankomme. Indessen wäre
diese Schlußfolgerung doch ein Mißverständnis. Einmal bedeuten
nach unseren Voraussetzungen (Charakter-)Schuldfähigkeit und
Straffähigkeit keine Gegensätze. Zum andern aber ist zu sagen:
gewiß wird man eine Strafe an einem Menschen, der für den
Sinn der Strafe zur Zeit des Vollzuges nicht empfänglich ist,
nicht mit dem erwünschten Erfolg vollstrecken. Daß aber Zurechnungsfähigkeit auch zur Zeit der T a t vorgelegen haben
muß, fordert bereits die Erwägung, daß nur unter dieser Voraussetzung die Tat vom Täter akzeptiert wird, weil er sie eben
nur dann als gerecht und sinnvoll empfindet und auf sich wirken
läßt. Wer zur Zeit der Tat durch die Strafdrohung nicht angesprochen werden konnte, wird auch später durch den Strafvollzug nicht beeinflußt werden. Auf das besondere Problem, das
der Gewohnheitsverbrecher, der Hangverbrecher stellt, wird noch
zurückzukommen sein.

2. Vorsatz und Fahrlässigkeit, die ich — es sei mir gestattet —
in ihrem Wesenskern als „Schuldformen" auffasse, können wir
auch dahin deuten, daß bei ihrem Vorliegen die Bewirkung des
rechtswidrigen Erfolges nicht auf bloßem Zufall beruht, wie

---

[145]) s. dazu auch Graf Dohna a. a. O. S. 513, Abs. 2. Siehe im übrigen zur
Aufgabe des Psychiaters bei Beurteilung der Zurechnungsfähigkeit Haddenbrock a. a. O. S. 147/48, 150 rechts. Insbesondere ist der Psychiater dazu
berufen, über die Ansprechbarkeit des Täters Auskunft zu geben.

das z. B. bei einem Verkehrsunglück der Fall ist, an dem niemanden ein Verschulden trifft. Beruht aber die Bewirkung eines rechtwidrigen Erfolges nicht auf Verschulden, beruht sie also auf Zufall, so ist sie wiederum nicht Ausfluß einer bedenklichen Charakteranlage und darum nicht geeignet, durch eine Strafe vergolten zu werden. Eben darum ist sie nicht sinnvoll „zurechenbar". Nur vorsätzliche und fahrlässige Handlungsweisen sind Ausfluß und Ausdruck der Persönlichkeit. In einer vorsätzlichen Tötung bekundet sich etwa ein brutaler, in einem Betrug ein verlogener, hinterlistiger, in einer fahrlässigen Tötung ein rücksichtsloser oder wenigstens ein gefährlich sorgloser Charakter[146]). Und was für die Kenntnis oder die Erkennbarkeit der „Tatumstände" gilt, gilt auch entsprechend für die Kenntnis oder Erkennbarkeit des U n r e c h t s charakters der Tat. Es bekundet sich darin, daß diese Kenntnis oder Erkennbarkeit ohne Einfluß auf das Verhalten des Täters geblieben ist, eine bestimmte charakterliche Haltung, insbesondere bei „vermeidbarem Verbotsirrtum" ein Mangel an Bemühtheit, mit dem Recht in Einklang zu leben.

---

[146]) In meinen Untersuchungen über Vorsatz und Fahrlässigkeit habe ich die den typischen leichtfertigen Täter kennzeichnende Sorglosigkeit um der größeren Anschaulichkeit willen auch als Fehlen einer gewissen „Ängstlichkeit, die kein guter Staatsbürger entbehren kann" charakterisiert. Dazu dann kritisch Welzel, ZStW 60, S. 472 Anm. 81, und 473 (er wendet sich gegen die „pathische Grundeinstellung" der „Gefühlstheorie"). Obwohl ich jene Formel von der Ängstlichkeit auch heute noch nicht für abwegig halte, möchte ich doch betonen, daß ich in ihr nicht geradezu den Schlüssel, der die Türe zum Verständnis der Fahrlässigkeit öffnet, erblicke. Das Schwergewicht habe ich schon früher gelegt und lege es auch heute noch auf den bereits in meinen Untersuchungen gesperrt gedruckten Begriff der „B e s o r g n i s", die beim fahrlässigen Täter zu vermissen ist. Man kann auch sagen: es fehle bei dieser Art Täter — vorausgesetzt, daß man, wie billig, am „s u b j e k t i v e n M a ß s t a b" der Fahrlässigkeit festhält — das erforderliche „Verantwortungsgefühl", die gebotene „Gewissenhaftigkeit", „Bedachtsamkeit". Alle diese Wendungen weisen aber m. E. darauf hin, daß es sich hier um eine Schuld handelt, die besonders deutlich im Wesen, im Charakter eines Menschen wurzelt. Vgl. dazu auch meinen Beitrag über das Recht der ärztlichen Operation in Stich-Bauer, Fehler und Gefahren bei chirurgischen Operationen, 1958, II, S. 1546 (Sonderdruck S. 30). Wenn Welzel a. a. O. S. 474 die Sorgfalt teilweise als „ein in das unbewußte Haltungsgefüge der Persönlichkeit eingegangenes Merkmal, also ein Moment des erworbenen Charakters" anspricht, so nähert er sich immerhin der hier vertretenen Auffassung von einer Charakterschuld.

Auch die unterschiedliche S c h w e r e des Schuldvorwurfs bei
Vorsatz und Fahrlässigkeit, Bewußtsein der Rechtswidrigkeit
und vermeidbarem Verbotsirrtum läßt sich leicht aus der unter-
schiedlichen Charakterschuld erklären. Ein bösartiger Charakter
wie er sich in vorsätzlichen und in voller Kenntnis des Unrechts
begangenen Taten äußert, muß mit schwereren Strafen angegan-
gen werden als eine leichtfertige oder rechtsfahrlässige Gesinnung.
Dagegen kann man nicht etwa sagen, daß die Leichtfertigkeit
weniger g e f ä h r l i c h sei als die Bösartigkeit; im heutigen
Verkehrsleben ist eher das Gegenteil der Fall. Auch läßt sich
nicht sagen — was für unseren Zusammenhang besonders wichtig
ist —, daß der Mißbrauch der Willensfreiheit bei vorsätzlichen
Taten gröber sei als bei fahrlässigen Taten. Denn oft wird es
dem vorsätzlich Handelnden schwerer gemacht, von seiner Tat
abzustehen (man denke an einen Eifersuchtsmord!) als einem
leichtfertig Handelnden, der bei ein wenig mehr Vorsicht die
schwersten Katastrophen, die er angerichtet hat, leicht hätte vermeiden können. Wäre die Freiheit der Angelpunkt für die
Beurteilung der Schuldschwere, so müßte die Schuld ja um so
schwerer wiegen, je leichter es dem Täter fallen konnte, seine
Freiheit in der rechten Richtung zu betätigen. Allüberall beur-
teilen wir also die Schwere der Schuld nach der ethischen und
sozialen Bedeutung der Charaktereigenschaften, die sich in der
Tat manifestieren.

3. Die Entschuldigung durch Notstand und dergl., die soge-
nannte „Unzumutbarkeit" läßt sich gleichfalls mit dem Gedanken der Charakterschuld verständlich machen. Die Not wirkt
nivellierend. Wenn es um Leib und Leben der Menschen selbst
oder ihrer Angehörigen geht wie beim Notstand der §§ 52, 54
oder bei der Notwehrüberschreitung des § 53 Abs. 3, wo die
meisten Menschen in der gleichen Situation nicht anders gehandelt
hätten als der Täter, kommt allenfalls der allgemein menschliche, nicht aber der individuelle Charakter des Täters zum Vor-
schein. Wo fast jeder so gehandelt hätte wie der Täter, wagt
keiner mehr den Vorwurf zu erheben, der Täter hätte anders
handeln können, weil eben kein ausgesprochen krimineller Charakter in Erscheinung tritt, wir können auch sagen: kein Charakter, der so von der Norm (diese sowohl im Sinne des Durch-

schnittlichen wie auch im Sinne des Gesollten bedeutet) abweicht, daß er der Beeinflussung durch Auferlegung von Strafen bedarf.

Wenn Max Ernst Mayer gesagt hat: „Der Charakter belastet, die Motive entlasten"[147]), so kann er nur gemeint haben: diejenigen Motive entlasten, denen wir allgemein menschliches Verständnis entgegenbringen. Denn im übrigen müssen wir sagen, daß Motiv und Charakter in fester Korrelation stehen. Die Motive wirken nur kraft des Charakters, der sie zu verarbeiten hat. Darum ist immer der Charakter an der Tat beteiligt. Heinitz sagt: „Motiv und Charakter bedingen sich gegenseitig; der Charakter wird aus den Motiven erschlossen, die auf ihn wirken, und Motive bedürfen bestimmter Anlagen, um wirken zu können"[148]). Ob ein Motiv entlastet, hängt also davon ab, ob der Charakter, der sich in den Motiven bekundet, geringeren oder keinen Tadel verdient. Wie gesagt: wo ein Motiv zur vollen Entschuldigung führt (bei Notstand!), da haben wir es mit keinem kriminellen, keinem rechtlich tadelnswürdigen, keinem strafwürdigen Charakter zu tun. In anderen Fällen sieht sich das Strafrecht zwar genötigt zu reagieren, aber das Motiv ist von der Art, daß der Charakter nur unter ganz besonderen Umständen zum kriminogenen Faktor wurde. Das ist der Fall des Gelegenheitsverbrechers. Am bedrohtesten ist die Rechtsordnung durch jene Charakterschuld, die dem Gewohnheitsverbrecher zur Last fällt. Bei ihm ist der Hang zu verbrecherischen Taten so stark, daß nicht die Gelegenheit den Verbrecher macht, sondern der Verbrecher sich die Gelegenheit schafft. Darum darf man doch nicht sagen, daß nicht auch den Gelegenheitsverbrecher sein Charakter belaste, weil in der besonderen Gelegenheit, die exzeptionelle Motive hervorruft, etwas bis zu einem gewissen Grade Entlastendes liegt. Dieses Entlastende führt nur zu einer milderen Bestrafung, wie überhaupt die Strafzumessung sich nach der Art der Charakterschuld richtet. Falsch wäre es zu sagen: Die Tat liefere den G r u n d , die Persönlichkeit das M a ß p r i n z i p der Strafe. Grund und Maß der Strafe richten sich beide nach der Persönlichkeit. Daher verdienen Gelegenheitsverbrecher und Gewohnheitsverbrecher beide Strafe, dieser aber eine andere als

[147]) Der Allgemeine Teil, S. 497
[148]) ZStW 63, S. 71

jener. Der Gelegenheitsverbrecher ist es denn auch, bei dem die Strafaussetzung zur Bewährung in Betracht kommt[149]).

Was den Gewohnheitsverbrecher betrifft, so stoßen wir immer wieder auf die Frage, warum man ihm, bei dem offenbar der verbrecherische Charakter so sehr in der angeborenen oder sonstwie schicksalsmäßig zugewachsenen Anlage liegt, noch einen Schuldvorwurf macht, den man gegen den auf ähnliche Weise durch Schicksal so gewordenen Zurechnungsunfähigen nicht erhebt. Diese Frage hat nach dem oben Ausgeführten dort ihre Berechtigung, wo der Zusammenhang zwischen Verbrechen und Persönlichkeit trotz Zurechnungsunfähigkeit gegeben ist. Aber auch die Antwort ergibt sich aus dem schon oben Gesagten: Die „Vergeltung" durch Strafe hat bei dem Zurechnungsunfähigen nach Lage der Dinge keinen Sinn, weil dieser durch die Strafe nicht angesprochen werden kann, während beim Gewohnheitsverbrecher gemäß der Eigenart seiner Persönlichkeit diese Ansprechbarkeit noch gegeben ist. Sollte sie völlig entfallen, so wäre es in der Tat verfehlt, noch mit der Strafe zu arbeiten. Es könnten nur noch Sicherungsmaßnahmen gerechtfertigt sein.

Daß schließlich bloße intellektuelle Mängel und Verstandesfehler nicht zur „Charakterschuld" zuzurechnen sind, obwohl man vielleicht glauben möchte, daß die geistige Ausrüstung eines Menschen ebensowohl einen Teil seiner „Persönlichkeit" ausmacht wie die Gefühls- und Willenskomponenten, hängt wiederum nur daran, daß hier der Strafe in ihrer Eigentümlichkeit kein Wirkungsbereich zukommt. Sie hat nur dort Berechtigung, wo sie „charakterbildende" oder wenigstens „charakteransprechende" Kraft haben kann. Mit der Dummheit kämpfen nicht nur die Götter, sondern auch die Justizbehörden vergeblich. Darum keine Verantwortlichkeit für „Verstandesfehler"!

Und das Freiheitsbewußtsein? Was sagen wir zu ihm? Daß es dieses Bewußtsein gibt, ist nicht zu leugnen. Ebenso wenig aber ist zu leugnen, daß es nicht allgemein anzutreffen ist (am wenigsten dort, wo sich ein Verbrecher zu seiner Tat geradezu hinge-

---

[149]) Siehe zu alledem schon ZStW 66, S. 356 ff. Als korrekte Strafzumessungsregel muß die Lehre von der Charakterschuld ansehen die Regel, daß das Gericht bei Bemessung der Strafe zu berücksichtigen hat, auf w e l c h e n Charaktereigenschaften des Täters die Tat beruht (dortselbst S. 361). Diesem Standpunkt nähert sich jetzt auch anscheinend Bockelmann, Vom Sinn der Strafe, Heidelberger Jahrbücher, V, 1961, S. 38

trieben fühlt, worauf ja, wie wir gesehen haben, Welzel den Gedanken gründet, daß die Freiheit nur der guten Tat eignet). Nach Simmel ist das empirische Bewußtsein des „freien Handelns" geradezu an einen mittleren Zustand zwischen dem Bewußtsein der Determiniertheit und dem der Nichtdeterminiertheit gebunden. So könnten wir keinen eine Vielfalt von Handlungen zu einem Ganzen zusammenschließenden Plan entwerfen, „wenn wir an jene absolute Freiheit glaubten, die den Entschluß jedes Augenblicks völlig gegen alles Vorangegangene isoliert". Und dennoch bleiben wir uns auch hierbei noch bewußt, inmitten der Ausführung den Plan ändern, ja von seiner Durchführung ganz und gar abstehen zu können[150]). Es ist dann „für unsere innere Gesamtsituation, die sich aus dem Vertrauen auf unsere Determiniertheit einerseits und der Überzeugung von unserer Freiheit andererseits zusammensetzt, ganz ohne Belang, ob dieses beides logisch sich miteinander verträgt"[151]).

Vorgelagert der Entscheidung über die auf jeden Fall zweifelhafte Beweiskraft des Freiheitsbewußtseins bleibt stets die Frage, w a s wir eigentlich unter diesem verstehen wollen. Denn es hat sich längst gezeigt, daß es sich bei dem Freiheitsbewußtsein und dem Freiheitsgefühl um eine sehr vieldeutige Angelegenheit handelt. Das Freiheitsbewußtsein stellt sich in erster Linie ein als Bewußtsein der H a n d l u n g s freiheit, als Bewußtsein tun zu können, was man will. Daß es in dieser Gestalt für das Problem der W i l l e n s freiheit nichts beweist, ist spätestens seit Schopenhauer gesicherte Erkenntnis[152]). Aber auch als Bewußtsein, bei Sichanbieten mehrerer miteinander streitender Motive sich so oder so entscheiden, so oder so „w ä h l e n" zu können, ist es nicht beweiskräftig, weil wir nach dem früher Dargelegten ex post nicht wissen, ob wir uns wirklich gegen dasjenige Motiv hätten entscheiden können, das für unser Handeln maßgeblich wurde[153]). Wenn dann weiter sich das Freiheitsgefühl dort mel-

---

[150]) Siehe dazu näher Simmel a. a. O. S. 231 ff., 234 ff.

[151]) a. a. O. S. 237

[152]) Siehe z. B. Simmel a. a. O. S. 133 ff., Windelband, Willensfreiheit, 1905, S. 33 ff., Nicolai Hartmann, Ethik, S. 581, v. Hippel, Strafrecht II, S. 284 Anm. 2

[153]) Zu dieser „Deliberationsfähigkeit" siehe Schopenhauer, Freiheit des Willens, Werke III (Ausg. Grisebach) S. 414 f., 422, 423, 428 (übrigens auch schon d'Holbach, System der Natur, Buch I Kap. 11).

det, wo der Mensch seine niederen Triebe überwindet, um der sittlichen Norm zu gehorchen[154]), so verliert es seine Beweiskraft, wie wir sehen, gerade bei all den verbrecherischen Handlungen, die aus der Triebsphäre stammen. Und wenn wir rückblickend mit einem gewissen Freiheitsbewußtsein ein Verhalten eben deshalb bereuen, weil wir es als unserer Persönlichkeit fremd empfinden, so meinen wir im Grunde doch wohl nur, daß im Spielraum unserer Persönlichkeit sehr wohl ein anderes Verhalten gelegen habe, ohne doch bestreiten zu können, daß das Geschehene auch in unserer Persönlichkeit wurzelte. Daß wir wirklich unter den früheren konkreten Umständen so handeln mußten, wie wir gehandelt haben, sehen wir nicht dadurch als widerlegt an, daß wir jetzt, wenn wir klüger geworden sind, uns imstande fühlen, anders zu handeln als vormals. Diejenige Varietät des Freiheitsbewußtseins schließlich, die sich umgekehrt zur letzten Varietät darstellt als Bewußtsein, unserer ureigenen Persönlichkeit g e m ä ß gehandelt zu haben, die sich auf eigentümliche Weise verknüpft mit dem Gefühl, gerade zu diesem Verhalten durch das eigene Wesen gezwungen gewesen zu sein (häufig anzutreffen beim Überzeugungstäter!), ist soweit davon entfernt, für das „liberum arbitrium" und gegen die Idee der Charakterschuld zu sprechen, daß sie sich vielmehr mit dem Gefühl, für das eigene Sosein einstehen zu müssen, dieses verantworten zu müssen, aufs beste verträgt. Hier kann man sich wieder auf Simmel[155]) und Bergson[156]) berufen, auf die jüngst auch Coing[157]) hingewiesen hat. Was speziell Bergson betrifft, so sagt er: Wir sind frei, wenn unsere Handlungen aus unserer innersten Persönlichkeit entspringen![158]).

---

[154]) Siehe z. B. schon Binding, Normen II 1, 1914, S. 29: „grade bei den inhaltlich schwersten, den lustabgewandten Entschlüssen ist unser Freiheitsbewußtsein am größten".

[155]) a. a. O. S. 136 ff., 163 ff., 198 ff., 228 ff. Bemerkenswert zur Psychologie des Freiheitsbewußtseinss aber auch daselbst S. 297 ff.

[156]) Zeit und Freiheit, S. 135 ff., S. 173 Abs. 3

[157]) Emge-Festschrift, 1960, S. 4 ff.

[158]) Dahingestellt mag bleiben, ob es richtig ist, dieses Freiheitsgefühl als einfachen Ausdruck des Ichbewußtseins aufzufassen, wie dies Coing tut. Auch Arthur Kaufmann, Das Unrechtbewußtsein, 1949, S. 112 identifiziert Icherlebnis und Erlebnis der Freiheit.

Zu welchem Ergebnis sind wir am Ende gelangt? Wir erklären
unser Nichtwissen in bezug auf die Frage, ob ein konkreter
Mensch in einer konkreten Situation anders hätte handeln können
als er tatsächlich gehandelt hat. Diese Formel kann allenfalls in
dem Sinne Verwendung finden, daß es im Spielraum unserer
Persönlichkeit gelegen hätte, bei mehr Willenskraft und mehr
Besorgnis, als wir tatsächlich aufgewendet haben, das Richtige
zu tun. Wir müssen daher, ohne in Frage stellen zu wollen, daß
bei Zugrundelegung der indeterministischen Ansicht die Begriffe
Schuld, Verantwortung, Sühne, Vergeltung eine befriedigende
Erklärung finden, bemüht sein, auch unter der Voraussetzung der
Richtigkeit des Determinismus zu einer sinnvollen Verwendung
jener Begriffe zu gelangen. Hierbei bietet sich insbesondere die
von uns vertretene Lehre der Charakterschuld und der Charakterverantwortlichkeit an: Der uns zur Schuld gereichende Mangel
an Willenskraft oder Besorgnis wurzelt im Charakter. Dieser hat
letztlich den Schuldvorwurf zu tragen und sich zu verantworten.
Daß unser Charakter unser Schicksal ist, im Guten wie im Schlimmen, wissen wir und sollen uns deshalb davor hüten, die Begriffe
Schuld, Verantwortung, Vergeltung und Sühne mit zu starkem
moralischen Gewicht zu beladen. Der Pharisäer, der Gott dafür
dankt, daß er nicht so ist „wie andere Leute, Räuber, Ungerechte,
Ehebrecher" (Lukas 18,11), kann allenfalls dann noch auf eine
gewisse Sympathie rechnen, wenn er den D a n k dafür empfindet, daß er nicht mißraten und darum nicht vom rechten Wege
abgeirrt ist, nicht dagegen, wenn er sich auf seinen rechtmäßigen
Wandel etwas zugute tut. Als Juristen müssen wir uns zufrieden
geben, wenn wir für die Begriffe Schuld und Verantwortung
und für die Handhabung der staatlichen Strafgewalt eine Rechtfertigung finden, die jene Begriffe und diese staatliche Aktion
als sinnvoll und notwendig erscheinen läßt. Das sind sie, weil
Vorwurf und Strafe den Charakter anregen und beeinflussen, sich
dem Recht zu fügen. Nichts von moralischer Überhebung! Lassen
wir noch einmal Schopenhauer zu Worte kommen: „Wenn wir. . .
die unglaublich große und doch so augenfällige Verschiedenheit
der Charaktere ins Auge fassen, den Einen so gut und menschen-
freundlich, den Anderen so boshaft, ja grausam vorfinden, wieder
Einen gerecht, redlich und aufrichtig, einen Anderen voller
Falsch, als einen Schleicher, Betrüger, Verräter, unkorrigiblen

Schurken erblicken; da eröffnet sich uns ein Abgrund der Betrachtung, indem wir, über den Ursprung einer solchen Verschiedenheit nachsinnend, vergeblich brüten"[159]). Nur mit metaphysischen Spekulationen kann man sich getrauen, in diesen Abgrund hinabzusteigen.

---

[159]) Die Welt als Wille und Vorstellung Bd. II (Ausg. Grisebach), S. 622

Der Begriff der Gerechtigkeit

in der aristotelischen Rechts- und Staatsphilosophie. Von Dr. PETER TRUDE. Oktav. XVIII, 178 Seiten. 1955. DM 14,70 (Neue Kölner Rechtswissenschaftliche Abhandlungen Heft 3)

Die Gerechtigkeit

Wesen und Bedeutung im Leben der Menschen und Völker. Von Professor Dr. WILHELM SAUER. Oktav. VIII, 186 Seiten. 1959. Ganzleinen DM 18,—

Leben und Lehre

Eine Selbstdarstellung als Lehrmittel und Zeitbild. Von Professor Dr. WILHELM SAUER. Oktav. 215 Seiten mit 1 Bildnis. 1958. DM 13,50

Ein Leben für die Gerechtigkeit

Erinnerungen. Von Senatspräsident a. D. Geheimer Justizrat Dr. FRANZ SCHOLZ. Oktav. 164 Seiten. 1955. Ganzleinen DM 14,50

Die Rechtssicherheit

Von Senatspräsident a. D. Geheimer Justizrat Dr. FRANZ SCHOLZ. Oktav. VII, 87 Seiten. 1955. DM 9,60

Studien und Interpretationen zur antiken Literatur, Religion und Geschichte

Von GEORG ROHDE. Oktav. Mit 1 Frontispiz. X, 322 Seiten. 1963. Ganzleinen DM 18,—

Das Institut für ausländisches und internationales Strafrecht in Freiburg i. Br. 1938 - 1963

Von Professor Dr. HANS-HEINRICH JESCHECK. Oktav. 60 Seiten. Mit 2 Bildtafeln. 1963. DM 7,20

WALTER DE GRUYTER & CO. BERLIN 30

www.ingramcontent.com/pod-product-compliance
Lightning Source LLC
Chambersburg PA
CBHW050654190326
41458CB00008B/2560

9 783110 011173